Aikido – Grundlagen

D1704879

Dr. Bodo Rödel
unter Mitarbeit von Nadja Gärtel und Susen Werner

Aikido – Grundlagen
Techniken, Prinzipien, Konzeption

ikkyo omote waza

Meyer & Meyer Verlag

Aikido – Grundlagen

Bibliografische Information der Deutschen Nationalbibliothek
Die Deutsche Nationalbibliothek verzeichnet diese Publikation in der
Deutschen Nationalbibliografie; detaillierte bibliografische Daten sind im Internet
über http://dnb.d-nb.de abrufbar.

© 2009 by Meyer & Meyer Verlag, Aachen
Adelaide, Auckland, Budapest, Capetown, Graz, Indianapolis, Maidenhead,
Olten (CH), Singapore, Toronto
Member of the World
Sport Publishers' Association (WSPA)
Druck: B.O.S.S Druck und Medien GmbH
Satz: www.satzstudio-hilger.de
ISBN: 978-3-89899-404-0
E-Mail: verlag@m-m-sports.com
www.dersportverlag.de

Inhalt

Warum ein Buch über Aikido?

Die Grundgedanken zu diesem Buch entstanden an einem Swimmingpool an der Côte d'Azur während des Aikido-Sommerlehrgangs 2007 von Christian Tissier *sensei*. Beteiligt an den ersten Überlegungen zum Inhalt des Buches waren Nadja Gärtel, Martina Dorka, Susen Werner und Dieter Becker.

Als wir uns die Frage stellten, was ein Grundlagenbuch über Aikido alles enthalten sollte, waren wir uns relativ schnell einig, dass nicht nur grundlegendes technisches Wissen – wie z. B. Fußbewegungen, Rollen, Details der Techniken – vermittelt werden müsste, welches eine Anfängerin, ein Anfänger im Aikido unbedingt braucht, sondern dass auch etwas über den konzeptionellen Hintergrund des Aikido in solch einem Buch zu lesen sein sollte.

Unter **Konzeption** versteht das Lexikon eine klar umrissene Grundvorstellung bzw. ein Leitprogramm. Es soll in diesem Buch also auch darum gehen, zu verdeutlichen, welches Leitprogramm dem Aikido zugrunde liegt. Dies soll anhand von Überlegungen geschehen, die nach und nach entwickelt werden und damit für jeden verständlich und nachvollziehbar sind.

Das Buch verfolgt damit drei Ziele: Es soll erstens diejenigen unterstützen, die sich auf den Weg gemacht haben, um Aikido zu lernen. Vielleicht kann es zum Zweiten aber auch eine Inspiration für Aikido-Übende sein, welche sich schon längere Zeit dieser Kunst widmen. Im Laufe des Buches wird öfters angemerkt, dass es mittlerweile aus unterschiedlichen Gründen verschiedene Stilrichtungen im Aikido gibt. Der wesentliche Unterschied findet sich dabei (meiner Meinung nach) nicht in verschiedenen technischen Details – dies ist nur auf den ersten Blick der Fall. Viel tief greifender liegen die Unterschiede in den Konzeptionen der Stilrichtungen, seien diese nun explizit ausformuliert oder nur implizit vorausgesetzt, schlimmstenfalls den Übenden und Lehrern gar nicht bewusst.

Mit anderen Worten: Gerade der konzeptionelle Hintergrund ist es, der die unterschiedlichen Stilrichtungen im Aikido ausdifferenziert. Jede Stilrichtung mag dabei in sich stimmig und mehr oder weniger logisch aufgebaut und nachvollziehbar sein. Richtet man seinen Blick aber auf die zugrunde liegende Konzeption, ist die Frage nicht mehr, ob diese oder jene Technik funktioniert, sondern welche Entwicklungschancen sich auf der Basis des jeweiligen Konzepts ergeben. Prüft man die unterschiedlichen Sichtweisen im Aikido unter solch einem Aspekt, ergeben sich dann doch erhebliche qualitative Unterschiede.

Nicht verhehlen möchte ich an dieser Stelle, dass mein Herz für eine Konzeption des Aikido schlägt, die mindestens drei Anforderungen erfüllt:

- Sie ist vorhanden (was leider nicht immer selbstverständlich ist) und kann formuliert und überprüft werden.

- Sie ist logisch (im Sinne von in sich stimmig) und nachvollziehbar.

- Sie denkt Aikido als anspruchsvolle Kampf- und Bewegungskunst.

Ich verbinde mit diesem Buch außerdem die Hoffnung – und das ist das dritte Ziel –, dass auch Aikido-Lehrer interessante Anregungen für ihren Unterricht bekommen.

Gerade als Lehrer sollten zwei Fragen im Mittelpunkt der eigenen Aikido-Entwicklung stehen: Was mache ich? Und warum mache ich es so? Weil es im Aikido keinen Wettkampf gibt, sind diese Fragen für einen interessanten Aikido-Unterricht von zentraler Bedeutung. Dass ein Lehrer auf diese Fragen eine Antwort geben kann, ist letztendlich auch das Kriterium, welches den Profi vom Laien unterscheidet: Niemand würde einen anderen sein Auto reparieren lassen, wenn er nicht auf eben diese zwei Fragen eine Antwort geben könnte. Auch in der Pädagogik gilt: Der Profi unterscheidet sich vom Laien dadurch, dass er sein erzieherisches Handeln reflektiert und begründet – also eine Antwort auf die oben genannten zwei Fragen geben kann. Warum sollte diese Anforderung nicht auch an Aikido-Lehrer gestellt werden, denn schließlich ist jede Kampfkunst auch ein Erziehungssystem – doch dazu später.

Im Lichte der Aufarbeitung des konzeptionellen Hintergrundes wird dann (hoffentlich) deutlich werden, dass dem Aikido-Unterricht eine intelligente Didaktik (Was wird unterrichtet?) und Methodik (Wie wird es unterrichtet?) zugrunde liegen muss, wenn man das Aikido in seiner Tiefe verstehen will. Ist der Aikido-Unterricht auf Vor- und Nachmachen begrenzt, dürften die Prinzipien im Aikido für viele unerkannt bleiben. Damit würde Aikido auf eine Ansammlung von Tricks und mehr oder weniger elegant aussehende Bewegungen begrenzt – viele Entwicklungschancen gingen dann verloren.

Insofern ist es kein Zufall, dass die Grundgedanken zu diesem Buch während eines Lehrgangs von Christian Tissier *sensei* entstanden sind, da er nicht nur ein Meister der Technik, sondern eben auch ein Meister der Didaktik und Methodik im Aikido ist.

Er schafft es wie kein anderer, die Prinzipien im Aikido durch immer wieder neue Blickwinkel zu betrachten, und gibt so seinen Schülerinnen und Schülern die Möglichkeit, diese zu erkennen und zu verstehen. Ihm gilt mein besonderer Dank, da ohne seinen Unterricht meine eigene Entwicklung als Aikido-Übender, aber auch als Lehrer nicht möglich gewesen wäre.

Das Aikido, so wie es heute gelehrt werden kann und in diesem Buch beschrieben wird, beruht auf diesen Zusammenhängen.

Ein Grundlagenbuch über Aikido muss zahlreiche technische Details bieten, kann jedoch auf Grund des begrenzten Umfangs nicht auf alle interessanten technischen Gesichtspunkte des Aikido eingehen. Die hier dargestellten Aspekte habe ich gewählt, da ich sie für besonders erwähnenswert halte und denke, dass sie den Lehr-Lern-Prozess der Aikido-Übenden sinnvoll unterstützen können. Einher mit der getroffenen Auswahl an Schwerpunkten geht natürlich immer auch eine Reduzierung der Aikido-Techniken auf das, was im Buch behandelt wird. Diese Entscheidung hätte sicher auch anders ausfallen können – erhoben wird damit weder ein Anspruch auf Ausschließlichkeit noch auf Vollständigkeit. Naturgemäß stößt ein Buch über eine Bewegungskunst dann an seine Grenzen, wenn es um das Bewegungsgefühl in den Techniken geht – denn leider sind Gefühle im Medium Buch nur beschreib- und nicht abbildbar. Dieses Paradox konnte ich leider nicht aufheben.

Als ÜbungspartnerInnen an diesem Buch haben mitgewirkt:

Martina Dorka   **Nadja Gärtel**   **Targan Kursun**

Thomas Pütz   **Susen Werner**

Für ihren Einsatz und ihre Geduld gilt ihnen mein herzlicher Dank.

Die Fotos auf den Seiten 15, 24, 31, 327 stammen von Maria Polevaya, die Fotos auf den Seiten 17, 29, 91, 237, 241, 329 von Marc Schroeder. Das Bild auf Seite 325 wurde von Dr. Bernd Rödel aufgenommen. Für die Überlassung der Bilder bedanke ich mich ebenfalls. Alle anderen Bilder wurden fotografiert von Iris Pohl (www.iris-pohl.de).

Mein besonderer Dank für die Erstellung des Kap. 1.1 und die intensive Überarbeitung des gesamten Textes gilt Nadja Gärtel. Ebenso danke ich Susen Werner, die Kap. 9.1 verfasst und dargestellt hat.

Dr. Bodo Rödel – Köln, im Herbst 2008

Vorwort von Christian Tissier shihan, 7. dan aikikai

Bodo Rödel kenne ich als rücksichtsvoll, beharrlich, beständig und mir und unserer Sache gegenüber treu. Er besitzt deshalb die notwendigen Eigenschaften, die es dem Schüler ermöglichen, einem langjährigen Training entgegenzusehen – ohne ein unmittelbares Ziel zu haben, vielmehr nur den unaufhörlich wiederholten Moment. Voller Aufmerksamkeit kehrt er von unseren gemeinsamen Fortschritten unermüdlich zurück, um vorwärts zu kommen und Neues zu entdecken.

Einen jungen Mann aufnehmen, ihn die Grundzüge und schließlich die Feinheiten des Aikido zu lehren – ihn zu beobachten, wie er sich selbst zu einem Menschen entwickelt, der fähig ist, sein Wissen weiterzugeben –, diese Erfahrung ist für mich wichtig und führt dazu, dass man sich seiner eigenen Stellung und seiner Verantwortung ganz bewusst wird.

Das Weitergeben ist ein Austausch. Dieser Austausch eröffnet mir neue Möglichkeiten und inspiriert mich: Ich danke ihm, ich danke allen meinen Schülerinnen und Schülern. Die spontanen Gespräche, die berechtigten Fragen und Überlegungen, die zu diesem Buch geführt haben, beweisen die Vielseitigkeit des Themas und die Vielfalt der Blickwinkel, unter denen man es betrachten kann.

Ebenso vielfältig sind die zu seiner Verwirklichung notwendigen Fähigkeiten. Bodo Rödel besitzt einen wichtigen Teil dieser Fähigkeiten und es ist sicherlich auch sein Wissen als Doktor der Erziehungswissenschaften, welches er in diesem Werk aufgegriffen hat. Ich wünsche ihm mit diesem Buch den größten Erfolg.

Christian Tissier – Paris, im März 2008

Aus dem Französischen von Edith Bornhold und Bodo Rödel.

Zum Inhalt des Buches

Das Buch gliedert sich in neun Kapitel mit folgenden Inhalten:

1. Kapitel: In diesem Kapitel wird geklärt, was Aikido ausmacht und wie Aikido definiert wird. Dabei wird Aikido auch in Abgrenzung zu anderen Kampfkünsten, -sportarten erläutert. Dieser Teil des Kapitels wurde von Nadja Gärtel verfasst.

2. Kapitel: Die Basis-Fußbewegungen werden erklärt. Diese tauchen in allen Aikido-Techniken immer wieder auf, d. h., wenn man die Basis-Fußbewegungen kennt, kann man neue Techniken schneller verstehen und erlernen. Die Fußbewegungen werden daher auch anhand von Bewegungen mit einem Übungspartner gezeigt. Dabei wird ebenfalls auf die Verwandtschaft des Aikido mit Schwertbewegungen Bezug genommen.

3. Kapitel: Dieses Kapitel zeigt die wichtigsten Handbewegungen im Aikido. Wie bei den Fußbewegungen tauchen auch bestimmte Hand- und Armbewegungen im Aikido immer wieder auf. Es ist interessant, diese isoliert zu betrachten, um die Struktur der Aikido-Techniken zu verstehen.

4. Kapitel: Die sogenannte „Konstruktionsarbeit", „Arbeit an der Konstruktion" oder „Arbeit an der eigenen Form" der Aikido-Techniken muss ein wesentlicher Bestandteil im Lernprozess des Aikido sein. Das vierte Kapitel erklärt, was genau darunter zu verstehen ist. Dafür werden zahlreiche Beispiele gegeben.

5. Kapitel: In diesem Kapitel werden wichtige Details aller Basistechniken gezeigt. Diese Details sollen helfen, die Techniken besser zu verstehen, und damit das Lernen im Aikido vereinfachen.

6. Kapitel: Allen Aikido-Techniken liegen die gleichen Prinzipien zugrunde. Wurden in Kap. 5 spezifische technische Details beschrieben, wird jetzt die „Metaebene" in den Aikido-Techniken betrachtet. Die Prinzipien werden dabei anhand von Bewegungsbeispielen verdeutlicht.

7. Kapitel: Das siebte Kapitel beschreibt den Lernprozess im Aikido und besonders die Rollen von Verteidiger und Angreifer in diesem Prozess. Im Aikido gibt es eine bestimmte Anzahl an Basistechniken. Diese Basistechniken werden immer mit einer identischen Abfolge erlernt.

8. Kapitel: Nicht nur derjenige, der die Techniken im Aikido ausführt, sondern auch der Angreifer lernt im Aikido hinzu. Da beide konstruktiv zusammen üben, sind sie in ihrer Entwicklung voneinander abhängig. Deswegen widmet sich dieses Kapitel den wichtigsten Elementen im Lernprozess des Angreifers.

9. Kapitel: Hier finden sich zusätzliche Infos über Aikido und das Aikido-Training, die dieses Buch abrunden. Der Punkt 9.1 wurde dabei von Susen Werner verfasst.

Damit der Text flüssig gelesen werden kann, wird die Aikido-Übende/der Aikido-Übende als (der) „*Aikido-ka*" bezeichnet. Gemeint sind selbstverständlich auch weibliche *Aikido-ka*. Die Techniken und Angriffe werden mit ihren japanischen Namen bezeichnet, um schwerfällige Übersetzungen ins Deutsche zu vermeiden. Die Übersetzungen der japanischen Begriffe finden sich entweder direkt im Text oder in der Zusammenstellung am Ende des Buches (ab Seite 339). Der Angreifer wird ab jetzt als *Uke* (*ukeru* = empfangen, Uke ist also derjenige, der die Technik empfängt), derjenige, der sich verteidigt, als *Tori* (*toru* = nehmen, fassen, fangen) bezeichnet.

Der Leser möge beachten, dass die Perspektive in den Fotos zum Teil während der einzelnen Bewegungsabläufe verändert wurde, um bestimmte Details besser zur Geltung zu bringen.

Christian Tissier und Bodo Rödel – irimi nage

„Lebenskunst ist die Kunst des richtigen Weglassens."

Coco Chanel

1   Was ist Aikido?

- Was bedeuten die Schriftzeichen „*ai-ki-do*"?

- Welche Perspektive wird in diesem Buch eingenommen, um die Grundlagen des Aikido zu erklären?

- Wie kann man Aikido in Abgrenzung zu anderen Kampfkünsten, -sportarten betrachten?

Je nachdem, unter welchem Blickwinkel der *Aikido-ka* versucht, eine Antwort auf die Frage zu finden, was Aikido ist, fällt diese unterschiedlich aus. Das heißt: Es ist schwierig, eine allgemein verbindliche Definition von Aikido zu geben, mit der sich wirklich jeder einverstanden erklären kann. Vielleicht gibt es so viele Definitionen von Aikido, wie es Aikido-Übende gibt, da jeder natürlich auch seinen privaten Standpunkt einnehmen kann.

Nachfolgend werden einige gängige Möglichkeiten, Aikido zu betrachten, vorgestellt. Im weiteren Verlauf des Buches sollen unterschiedliche Aspekte dieser Zusammenstellung immer wieder vertiefend und ergänzend zur Sprache kommen.

„Von außen" betrachtet, ist Aikido eine Ansammlung hoch entwickelter und effektiver Techniken zur Selbstverteidigung.

„Hoch entwickelt" bedeutet dabei, dass Hebelwirkungen intelligent zum Einsatz gebracht werden, um einen maximalen Effekt mit minimalem Aufwand zu erhalten.

Allen Techniken liegen die gleichen Prinzipien zugrunde (vgl. Kap. 6). Grundlage des Aikido sind dabei natürliche und einfache Bewegungen – deshalb kann jeder Aikido erlernen. „Natürlich" meint in diesem Zusammenhang, dass sich die Bewegungen in einem Radius abspielen, den der *Aikido-ka*, mehr oder weniger ausgeprägt, auch in seinem täglichen Leben benutzt. Das Ziel des Aikido-Trainings besteht aus dieser Perspektive heraus in der ständigen Verbesserung der Techniken. Arbeitsthemen sind z. B.:

- sich entspannt bewegen,

- fließende Bewegungen erlernen,

- tief arbeiten und entsprechend die Beinmuskulatur schulen und

- die Hände und Arme richtig gebrauchen.

„Von innen" betrachtet, ist Aikido eine Methode, an sich selbst zu arbeiten. Geschult werden dabei z. B.:

- Konzentration,
- Durchhaltewillen,
- Durchsetzungsfähigkeit,
- Fähigkeit zum konstruktiven Miteinander sowie das
- Selbstbewusstsein.

Die erste Perspektive zeigt, dass Aikido eine Bewegungskunst ist – im weitesten Sinne ist Aikido hier „Sport". Damit unterscheidet sich Aikido grundlegend von Techniken der Meditation, wie z. B. dem *zen*, auch wenn Aikido meditative Elemente beinhaltet (vgl. Seite 329).

Dies zeigt die zweite Perspektive: Aikido bietet die Möglichkeit, auch mental an sich zu arbeiten – im weitesten Sinne ist Aikido hier eine Methode der Persönlichkeitsentwicklung. Beide Perspektiven bedingen sich natürlich gegenseitig. Die innere Verfassung beeinflusst die Bewegung und umgekehrt. Hierdurch erklärt sich auch ein Aspekt des Begriffs Kampf-„Kunst" – mit „Kunst" ist u. a. gemeint, dass die äußeren Bewegungen auch das innere Erleben und die innere Verfasstheit des *Aikido-ka* zum Ausdruck bringen, so ähnlich, wie in den Bildern eines Malers seine Stimmung erkennbar ist. Natürlich geht es in vielen Sportarten ebenfalls um die oben genannten Punkte einer „inneren Arbeit".

Nimmt man eine über die erste und zweite Perspektive hinausgehende Sichtweise ein, kann man sich dem Wesen des Aikido noch weiter annähern, da die ersten beiden für eine hinreichende Erklärung nicht genügen. Aikido ist eine Möglichkeit, mit anderen Menschen konstruktiv zusammenzuarbeiten und mit ihnen einen Austausch zu suchen – Aikido ist in diesem Sinne eine Form intensiver Kommunikation. Man könnte auch „Körperdialog" dazu sagen.

So wird deutlich, was Aikido von anderen Sportarten und insbesondere auch von anderen Kampfsportarten unterscheidet. Schließlich ist Aikido die einzige Kampfkunst, bei der jeder Praktizierende 50 % seiner Zeit akzeptiert, dass er den Kampf verlieren wird, und dies trotzdem dazu nutzt, um sich und andere in der eigenen Entwicklung voranzubringen.

Da im Aikido immer mindestens zwei Personen miteinander üben, kann man über Aikido auch aus einer ethischen Perspektive nachdenken. Aus dieser Betrachtungsweise könnte man versuchen, die Fragen „Was soll ich tun?" und „Wie soll ich mich verhalten?"

zu beantworten. Im Aikido finden sich auf diese Fragen folgende Antworten: „Verteidige dich, wenn du angegriffen wirst –, appelliere aber auch an den Angreifer, sein Vorhaben rechtzeitig wieder aufzugeben, bevor du ihn verletzt. Reagiere auf die Bewegungen angemessen und füge nicht mehr Schaden zu als unbedingt notwendig, damit du selbst unversehrt bleiben kannst."

Betrachtet man schließlich das japanische Wort „Aikido" unter einem etymologischen (nach der Wortbedeutung fragenden) Blickwinkel, ergibt sich folgende Definition:

Die Silbe „ai" bedeutet so viel wie „anpassen", „verbinden", „vereinen", „harmonisieren". Manchmal wird „ai" auch mit „Liebe" übersetzt. Die Silbe „ki" bedeutet so viel wie „Gefühl", „Absicht", „Energie" oder „geistige Kraft" (vgl. Seite 22) und die Silbe „do" meint in etwa „Weg" – im Sinne eines Weges, den man für eine körperlich-geistige Weiterentwicklung zurücklegen muss.

Schriftzeichen ai-ki-do

Die ersten beiden Silben zusammen haben dann die Bedeutung, „sich gegenüberstehende Absichten oder Kräfte in Harmonie zu vereinigen". Eine mögliche Übersetzung von Aikido könnte demnach lauten: der Weg oder die Methode, Kräfte (die sich entgegenstehen) in Harmonie zu vereinigen.

Morihei Ueshiba

Schließlich kann man sich der Frage, was Aikido ist, auch annähern, indem man einen Blick auf die Geschichte des Aikido wirft. Historisch gesehen, ist Aikido eine klassische japanische Kampfkunst, sogenanntes *Budo*, wie z. B. auch *Judo* oder *Karate-do*. Sie wurde von dem Japaner Morihei Ueshiba (1883-1969) – als Synthese verschiedener Kampfkünste, -techniken – im 20. Jahrhundert erschaffen (vgl. Seite 322).

Der historische Kern des Aikido liegt also in der langen Tradition japanischer Kampfkünste. Mittlerweile ist Aikido weltweit verbreitet und unterliegt somit auch anderen kulturellen Einflüssen. Dies ist ein Grund dafür, dass sich das Aikido in sehr unterschiedliche Richtungen entwickelt hat und beständig weiterentwickelt.

Was ist Aikido? Einige gängige Perspektiven:			
Äußere Perspektive	**Innere Perspektive**	**Übergeordnete Perspektive**	**Historische Perspektive**
Selbstverteidigung	Konzentration	Kommunikation	Klassisches *Budo*
Kampfkunst	Selbstbewusstsein	Dialog	Historische Tradition
Bewegungskunst	Persönlichkeitsentwicklung	Austausch	Moderne Weiterentwicklung
Sport	Technik als Methode der inneren Arbeit	Miteinander – gegeneinander	Unterschiedliche Stilrichtungen
Lebensform/Ethik – Bildung – Selbsterziehung			

Was ist *ki*?

Die Wortteile *ai* und *do* in Aikido sind relativ einfach zu erklären. Zur Wortsilbe *ki* sollen noch einige Bemerkungen gemacht werden, da es hier doch großen Interpretationsspielraum gibt. Ganz allgemein gesprochen, ist *ki* (in einer fernöstlichen Sichtweise) zu übersetzen mit Gefühl, Absicht, Lebensenergie oder Lebenskraft. Das chinesische Wort dafür ist *chi* (wie in *tai chi*, der chinesischen Bewegungskunst), das indische Wort ist *prana*. Insbesondere die chinesische Lesart verweist auf ein Konzept fließender Energien und Kräfte, wie es auch in der traditionellen chinesischen Medizin benutzt wird.

Das *ki* hat seinen Ursprung in einem Punkt unterhalb des Bauchnabels, dem sogenannten *kikai-tanden* oder *hara*. Wörtlich übersetzt, bedeutet dies so viel wie „Meer der Energie". Jeder Mensch hat Zugang zu *ki*. Unterschiede in der Stärke der Lebensenergie oder Lebenskraft, also auch in der Möglichkeit, *ki* zu gebrauchen, entstehen dann, wenn Blockaden oder Verspannungen das *ki* an seinem Fluss durch den Körper hindern. Hier sieht die traditionelle chinesische Medizin folglich eine Ursache von Krankheiten.

Einige *Aikido-ka* führen die Vorstellung der Lebensenergie so weit, das *ki* wortwörtlich fließen zu lassen und nach außen „schicken" zu wollen – hier soll es dann wie eine physische Kraft wirksam werden. Für Aikido-Schüler aus westlichen Ländern einfacher zu verstehen (und gleichzeitig weniger esoterisch behaftet) ist die Umschreibung des *ki* mit folgenden Substantiven: Durchsetzungsfähigkeit, Entschiedenheit, Wille, Motivation, Echtheit. Diese Qualitäten schult der *Aikido-ka* durch sein Üben und bringt sie in seinen Techniken zum Einsatz. *Ki* hängt folglich auch eng mit Worten wie Absicht, Entscheidung und Aktion zusammen (vgl. Kap. 6.8).

Natürlich kann die Idee der „fließenden Energie" auch einfach als Bild benutzt werden. Die Vorstellung, das *ki* fließe wie Wasser durch unsere Arme, kann zur Entspannung beitragen, da ein solcher Fluss nur möglich ist, wenn unsere Arme und Gelenke „durchlässig", also entspannt, sind. Gleichzeitig ist ein prall gefüllter Wasserschlauch aber auch nicht schlaff. Dieses Vorstellungsbild mag also dabei helfen, sich das richtige Bewegungsgefühl zu erarbeiten. *Ki* fließen zu lassen, bedeutet somit nichts anderes, als sich mit der richtigen Balance zwischen Anspannung und Entspannung natürlich zu bewegen.

1.1 Aikido im Vergleich

Dem Wesen des Aikido kann man sich des Weiteren durch einen Vergleich mit anderen Kampfkünsten, -sportarten nähern. Dabei geht es nicht darum, zu entscheiden, welche Kampfkunst „besser" oder „effektiver" ist, sondern darum, durch das Herausstellen der Unterschiede aufzuzeigen, wo die Besonderheiten des Aikido liegen und wie es im Zusammenhang mit anderen Kampfkünsten, -sportarten positioniert ist.

Wenn ein *Aikido-ka* jemandem erzählt, dass er Aikido übt, so wird er oft als Erstes gefragt, was Aikido denn eigentlich ist. Dem folgt in der Regel die Frage: „Ist das so was wie *Judo* oder *Karate*?" Da andere Kampfkünste in Deutschland wesentlich bekannter sind als Aikido, wird derjenige, der zum ersten Mal mit Aikido in Kontakt kommt oder davon hört, oftmals versuchen, dieses in ein ihm bekanntes System einzuordnen.

Der höhere Bekanntheitsgrad anderer Kampfkünste und Kampfsportarten im Vergleich zum Aikido und die weitere Verbreitung in Deutschland und Europa ist u. a. darauf zurückzuführen, dass es im Aikido keinen Wettkampf gibt. Dementsprechend werden im Aikido keine Meisterschaften durchgeführt, Aikido ist keine olympische Disziplin und daher insgesamt in den Medien wenig präsent. Außerdem gibt es im Aikido (auf den ersten Blick) keine für ein breites Publikum aufsehenerregenden Techniken, wie z. B. die Bruchtests im *Karate* oder *Taekwondo*.

Im Unterschied zu den westlichen Kampfsportarten, wie Boxen, Ringen oder Fechten, sind die asiatischen Kampfkünste ihrem Ursprung nach eng mit philosophischen Traditionen bzw. einer bestimmten Geisteshaltung verbunden. Obwohl technische Parallelen zwischen den fernöstlichen und den westlichen Kampfsportarten bestehen, wie z. B. zwischen dem *Karate* und dem Salvate-Boxe Française oder dem *Jiu-Jitsu* und den mittelalterlichen Selbstverteidigungspraktiken, sind sie in ihrem Wesen damit nicht vergleichbar. Originäres Ziel des asiatischen *Budo* – im Gegensatz zu dem des westlichen Kampfsports – ist nicht (nur) der Sieg über einen Gegner, sondern (auch) der Sieg über sich selbst. Somit liegt der eigentliche Sinn einer langen Übung weniger in der durch sie ermöglichten messbaren Leistung selbst als in dem im Laufe der Übung erreichten Grad der Selbstverwirklichung. Aus der Übung zum äußeren Zweck soll also die Übung auf dem inneren Weg werden. Das Einüben von Technik soll die Aufmerksamkeit auch nach

Karsten Prause, 4. dan aikikai und Bodo Rödel – Aikido-Vorführung während des Sommerlehrgangs von Christian Tissier in Extertal 2007

innen lenken, der automatisierte Gesamtablauf einer Bewegung somit als Spiegel der inneren Haltung dienen. Die fernöstlichen Methoden werden daher auch besser als Kampf-„Künste" denn als Kampf-„Sportarten" bezeichnet, obwohl die beiden Begriffe oft synonym verwendet werden.

Beim Vergleich von Aikido mit anderen fernöstlichen Kampfkünsten zeigen sich vor allem technische Unterschiede.

Judo

Judo entwickelte sich aus dem wesentlich älteren *Jiu-Jitsu*, das wiederum auf die Kampfmethoden der japanischen Samurais zurückgeht. Das Wort *Judo* setzt sich zusammen aus *ju* = Nachgeben und *do* = Weg und bedeutet damit so viel wie „sanfter Weg" oder „Weg des Nachgebens". Das heutige *Judo* wurde von Jigoro Kano (1860-1938) begründet, der alle verletzenden Techniken aus dem *Jiu-Jitsu* ausklammerte und die Möglichkeit einführte, während eines Kampfs aufzugeben. *Judo* ist heute die weitestverbreitete Kampfkunst der Welt. Seit 1964 ist *Judo* olympische Disziplin.

Im *Judo* gibt es nicht nur Standtechniken, sondern auch eine Reihe von Bodentechniken, die im Knien oder Liegen ausgeführt werden. Die Kontrolle über den Partner wird durch Würfe, Halte-, Würge- und Hebelgriffe zum Ausdruck gebracht. Im Unterschied zum Aikido setzen die Techniken des *Judo* in der Regel ein gegenseitiges Greifen der Jacke voraus, die Angriffe wirken damit weniger dynamisch. Tori und Uke befinden sich durch das gegenseitige Greifen der Jacke auch häufig in einer wesentlich näheren Distanz zueinander als im Aikido.

Diese Entwicklung vom *Jiu-Jitsu* zum *Judo* ist ein Beispiel dafür, wie ein System, dessen einziger Zweck es ist, effektiv zu verletzen und zu töten – *jutsu* –, zu einer Methode der inneren Arbeit – *do* – umgewandelt wurde. Die gleiche Entwicklung findet sich auch in der Entstehungsgeschichte des Aikido. Der Aikido-Begründer Morihei Ueshiba transformierte die Techniken des *daito ryu aiki-jujitsu*, welche allein zum Ziel hatten, einen Gegner möglichst schnell zu besiegen, zu vergleichsweise weichen Techniken des *do* (vgl. Kap. 9.4).

Ju-Jutsu

Deutsches *Ju-Jutsu* ist von der alten japanischen Kampfkunst *Jiu-Jitsu* („sanfte Kunst") abzugrenzen. Gegen Ende der 1960er Jahre wurden Techniken aus dem *Jiu-Jitsu*, *Judo*, *Karate*, *Aikido* und anderen artverwandten Künsten zu einem neuen effektiven, stiloffenen und -übergreifenden Selbstverteidigungssystem zusammengestellt. Dieses sollte zur

Schulung von Polizei, Zoll, Justiz und Streitkräften eingesetzt werden und die Techniken enthalten, die sich für die tägliche Praxis der Berufsgruppen am besten eignen. So wird im *Ju-Jutsu,* ähnlich wie im *Karate,* mit Fäusten, Füßen, Ellbogen und Knien gekämpft, ähnlich wie im Aikido und *Judo* werden auch Würfe und Hebel angewandt. Die Techniken basieren dabei aber nicht auf einem übergeordneten System, bestimmten Philosophien oder wie im Aikido auf Prinzipien, sondern gleichen eher einzelnen Tricks, die kontinuierlich erweitert und optimiert werden können. Anders als im Aikido sind die Bewegungen in der Regel nicht rund und flüssig, der Angriff wird nicht aufgenommen und weitergeleitet, sondern oftmals abgeblockt.

Karate

Karate-do (*te* = Hand, *kara* = leer – also: „Weg der leeren Hand") blickt auf eine jahrhundertelange Geschichte zurück. Die japanischen Karatestile entwickelten sich auf Okinawa, einer südlich von Japan gelegenen Inselgruppe. Die heute in Deutschland am weitesten verbreitete Stilrichtung, das *Shotokan Karate,* geht auf den Begründer des modernen *Karate,* Gishin Funakoshi, zurück. *Karate* ist vom Kongress des IOC (Internationales Olympisches Komitee) als olympiafähige Sportart anerkannt worden.

Beim *Karate* werden überwiegend Fäuste, Handkanten, Ellbogen, Unterarme, Füße und Knie benutzt; geübt werden sowohl Angriffs- als auch Abwehrtechniken. Im Gegensatz zum Aikido gibt es im *Karate* fast ausschließlich geradlinige, d. h. direkte Bewegungen. Die Partner bewegen sich nicht harmonisch miteinander, sondern versuchen, im Wettkampf möglichst schnell zum anderen durchzudringen. Bei Wettkämpfen im *Shotokan Karate* werden dabei Schläge und Tritte nur angedeutet, sodass keine wirkliche Trefferwirkung eintritt –, diese würde sogar einen Regelverstoß darstellen. Allerdings gibt es auch andere Karatestile, bei denen durchaus mit Vollkontakt gekämpft wird, z. B. das *Kyokushinkai Karate.*

Taekwondo

Taekwondo ist ein koreanisches System der Selbstverteidigung, das sich über viele Jahrhunderte hinweg selbstständig entwickelt hat. In Korea zählt *Taekwondo* allerdings nicht zu den Kampfkünsten, sondern zu den Sportarten. Der Begriff *Taekwondo* setzt sich zusammen aus *„tae"* = Fuß, *„kwon"* = Faust und *„do"* = Weg. Frei übersetzt bedeutet *Taekwondo* „Kunst des Fuß- und Handkampfs". Seit dem Jahr 2000 ist *Taekwondo* olympische Disziplin.

Beim *Taekwondo* gebraucht man insbesondere Hände, Finger, Fäuste, Knöchel, Ellbogen, Knie, Füße und den Kopf zum Schlagen, Treten und Stoßen. Zum *Taekwondo* gehört

– wie auch zum *Karate* – neben der Beherrschung der Bewegungsabläufe und dem Freikampf der Bruchtest. Im Gegensatz zu anderen Kampfkünsten dominieren hier die Fußtechniken. Ein wesentlicher Unterschied zum *Shotokan Karate* besteht ferner darin, dass es sowohl Halb- als auch Vollkontaktkämpfe gibt, bei denen dann auch auf K. o. gekämpft wird.

Bringt man diese Überlegungen in die Form eines Schemas, stellt es sich folgendermaßen dar:

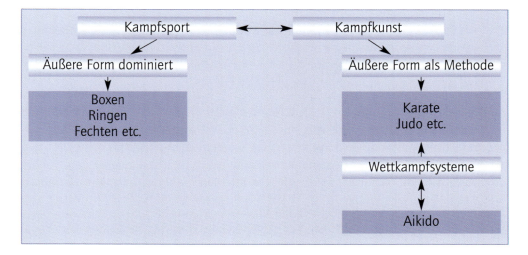

Natürlich ist solch eine strikte Unterscheidung letztlich nur ein Hilfsmittel, um zu verdeutlichen, wo Aikido seinen Platz hat. So wurde schon eingangs darauf hingewiesen, dass der Kampfsport auch Elemente der Kampfkunst besitzt, während die Kampfkünste notwendigerweise auch sportliche Elemente enthalten. Natürlich sind *Karate* und *Judo* Wettkampfsysteme, oftmals werden in diesen Kampfkünsten aber auch, wie im Aikido, festgelegte Formen – die *kata* – ohne Wettkampf geübt.

Weitere „klassische" Kampfkünste sind:

- *Kendo* – die aus Japan stammende Fechtkunst (*ken* = Schwert) mit dem Bambusschwert (*shinai*)

- *Kyudo* – Bogenschießen

- *Iaido* – die Kunst, das Schwert zu ziehen

1.2 Grundlegende Voraussetzungen für dieses Buch

Im ersten Kapitel wurden nun einige Möglichkeiten aufgezeigt, sich dem Thema Aikido anzunähern. Nachfolgend soll noch einmal aufgezählt werden, welche Voraussetzungen für dieses Buch gelten werden. Mit diesen Prämissen orientiert sich das Buch „**Aikido-Grundlagen**" am weltweit verbreiteten Mainstream im Aikido. Dieser findet seine organisatorisch-historische Gestalt in Form des weltweit anerkannten Dachverbands *aiki-kai* und steht in der Linie des Aikido-Begründers *o-sensei* Morihei Ueshiba.

- Aikido ist eine Kampfkunst und basiert deshalb auf der Logik einer Kampfkunst. Aikido ist also kein Kampfsport (auch wenn es sportive Elemente beinhaltet), d. h., es zählt nicht nur das Resultat der Handlungen (*jutsu*), sondern wesentlich auch, wie man zu diesem Resultat gekommen ist (*do*).

- Primäres Ziel ist zwar nicht die Anwendung der Aikido-Techniken unter „realistischen" Bedingungen, im Sinne einer Kampfkunst wird aber die realistische Funktionalität der Aikido-Techniken beachtet. Daraus ergibt sich, dass zumindest perspektivisch der *Aikido-ka* seine Techniken auch mit Nicht-*Aikido-ka* durchführen können sollte. Techniken, die diesen „realistischen" Kern nicht beinhalten, sind als Übungen zu betrachten.

- Die Aikido-Techniken beruhen auf einheitlichen Prinzipien (vgl. Kap. 6). Umgekehrt bedeutet dies, dass die Techniken nur funktionieren, wenn auch die Prinzipien berücksichtigt werden.

- Durch eine moderne Didaktik und Methodik ist Aikido für jeden verständlich (vgl. Kap. 7). Es bietet so die Möglichkeit zu einem lebenslangen Lernen mit vielen Entwicklungschancen.

- Aikido bewegt sich zwischen Tradition und Moderne, es entwickelt sich ständig weiter. In den Grund- und Basistechniken manifestiert sich aber ein „harter Kern" des Aikido.

- Der Schlüssel zum Verständnis von Aikido liegt im Üben und Trainieren.

- Die Techniken des Aikido sind gleichzeitig die Methode für eine „innere Arbeit" des *Aikido-ka*. Es gibt demnach nicht ein nur an der Technik orientiertes Aikido und im Gegensatz dazu ein Aikido, bei dem die innere Arbeit im Mittelpunkt steht: Ohne die korrekte Technik gibt es vielmehr gar kein Aikido! Technik und innere Arbeit sind die zwei Seiten einer Medaille.

Christian Tissier und Bodo Rödel – kokyu nage

1.3 Übungsformen im Aikido

Im Aikido gibt es verschiedene Übungsformen, die sich danach richten, welches Thema gerade gelernt werden soll. Diese Übungsformen sind unabhängig von der jeweiligen Technik. In *tachi waza* üben Uke und Tori beide in stehender Position. In *hanmi handachi waza* kniet Tori (vgl. Kap. 2.9) und wird von Uke im Stehen angegriffen. Das Ziel von Uke ist es dann, zu verhindern, dass Tori aufstehen kann. Üben Tori und Uke *suwari waza*, bedeutet dies, dass beide kniend die Techniken ausführen.

Ju no geiko bezeichnet ein weiches Üben, bei dem Uke sich ohne Widerstand mitbewegt – hierbei geht es vor allem um das Erlernen einer Technik. Im Gegensatz dazu bezeichnet *go no keiko* das starke, kraftvolle Üben miteinander. Uke greift dabei stark an – Tori muss also die Technik, die er üben will, schon gut beherrschen.

Greift Uke Tori immer mit dem gleichen Angriff an und reagiert dieser frei mit unterschiedlichen Techniken, spricht man von *jiyu waza*. Mit *randori* ist gemeint, dass auch

Uke frei angreift und Tori verschiedene Techniken übt. *Randori* bezeichnet ebenfalls die Abwehr gegen mehrere Uke, die in der Regel mit *ryo kata dori* (vgl. Seite 278) angreifen.

Der Begriff *kokyu-ho* bezeichnet Übungen, die explizit das Prinzip des Austauschs verdeutlichen sollen (vgl. Kap. 6.3). Es sind also keine Techniken (*waza*), sondern Übungen (*ho*).

Waffen im Aikido

Tori kann von Uke auch mit Waffen angegriffen werden. Bei *tanto dori* greift Uke mit einem Messer an und das Ziel von Tori ist es, den Angriff abzuwehren und Uke das Messer abzunehmen (vgl. Kap. 5.5). Bei *tachi dori* greift Uke mit einem (Holz-)Schwert an und Tori nimmt es ihm durch seine Technik ab. *Jo dori* bedeutet, dass Uke mit einem Stock angreift und Tori ihm diesen abnimmt. Umgekehrt hat bei *jo nage waza* Tori einen Stock. Uke greift ihn an, indem er den *jo* fasst. Uke wird dann mithilfe des *jo* abgewehrt.

Außerdem gibt es im Aikido Übungen, bei denen sowohl Uke als auch Tori entweder ein Schwert oder einen Stock haben.

Kumi jo bezeichnet Partnerübungen mit dem Stock, *kumi tachi* bezeichnet Partnerübungen mit dem Schwert.

Uke und Tori üben dann festgelegte Bewegungsabfolgen, sogenannte *katas*, da ein völlig freies Üben zu gefährlich wäre. Wie in den waffenlosen Aikido-Übungen steigt dabei mit dem Niveau der *Aikido-ka* auch die Intensität von Angriff und Verteidigung.

Das Üben mit den Waffen im Aikido hat folgenden Sinn: Zum einen hat der Begründer des Aikido, Morihei Ueshiba, selbst unterschiedlichste Waffentechniken erlernt, dazu gehörten Übungen mit dem Schwert, dem Stock, der Lanze etc. Das Üben mit dem Stock und dem Schwert ist also ein Teil des historischen Kerns im Aikido.

Interessanter sind aber sicherlich folgende Aspekte: Das Üben mit den Waffen hilft dem *Aikido-ka*, einige Aspekte besser zu verstehen. So sind die Fußbewegungen mit und ohne Waffen im Aikido gleich bzw. sehr ähnlich. Das Gleiche gilt für die Handbewegungen im Aikido. Auch werden viele waffenlose Techniken im Aikido mit dem Bewegungsgefühl des Schneidens oder Stechens (nicht ziehen oder drücken) ausgeführt – dies ist identisch mit der Arbeit des Schwertes.

Außerdem kann man durch die Arbeit mit den Waffen die Distanz zwischen Uke und Tori besser verstehen, da sie durch die Waffen sozusagen manifest wird. Die Arbeit mit den Waffen ist schließlich zum Teil sehr direkt und schnell – hier hilft das Üben mit dem *jo* oder dem *bokken*, den Kampfkunstcharakter des Aikido weiter zu entwickeln.

Christian Tissier und Bodo Rödel 2007 bei einer Übung mit dem Holzschwert – bokken

Zum Weiterlesen:
Musashi, M. (1983). *Das Buch der fünf Ringe*. München: Knaur.
Protin, A. (1986). *Aikido*. München: Kösel.

„Ein guter Hockeyspieler geht da hin, wo der Puck ist.
Ein großartiger Hockeyspieler geht da hin,
wo der Puck sein wird."

Wayne Gretzky

2 Fußbewegungen

- Womit fängt Aikido an?
- Wie bewegen sich die Füße im Aikido?
- Wie sehen die Basis-Fußbewegungen aus?

Aikido ist als Kampfkunst eine Bewegungskunst. Das bedeutet: Korrekte und sichere Fußbewegungen sind im Aikido besonders wichtig, um die Techniken ausführen zu können. Grundsätzlich haben deshalb die Fußbewegungen Priorität vor den Handbewegungen. Beherrscht der *Aikido-ka* die Bewegungen mit den Füßen, können die Bewegungen der Hände und Arme ebenfalls natürlich erlernt werden – oder kurz: Die Handbewegungen folgen den Fußbewegungen, nicht umgekehrt.

In diesem Kapitel werden deshalb alle Basis-Fußbewegungen, die im Aikido verwendet werden, vorgestellt. Da Aikido auf einheitlichen Prinzipien beruht, gibt es eine Reihe von Fußbewegungen, die immer wieder auftauchen. Hat man diese verstanden, können gerade Anfänger im Aikido die Grundtechniken einfacher entdecken. Jede Fußbewegung wird in diesem Kapitel anhand von Bewegungsbeispielen verdeutlicht. Diese Bewegungsbeispiele sind wiederum Teilbewegungen aus Aikido-Techniken.

Da die Positionen der Füße im Aikido mit den Schwertpositionen (vgl. Kap. 2.10) identisch sind, dienen unter anderem drei Positionen mit dem Schwert zur Illustration, um die Fußbewegungen besser verstehen zu können.

Die Fußbewegungen im Aikido folgen immer einem übergeordneten Schema, welches für alle Aikido-Basistechniken gleich ist:

> Sich bewegen, um sich richtig zu platzieren.
>
> ↓
>
> Richtig platziert sein, d. h., Winkel, Abstand und relative Position zu Uke sind so, dass effektiv und mit ökonomischem Krafteinsatz agiert werden kann.
>
> ↓
>
> Jetzt folgt die eigentliche Aktion, d. h., die Aikido-Techniken werden zum Einsatz gebracht.

Tori bewegt sich also nicht „einfach so", sondern immer mit dem Ziel, nach seiner Bewegung besser platziert zu sein als vorher (vgl. auch die Ausführungen zum Prinzip der reinen Bewegungen in Kap. 6.6).

2.1   kamae

Zunächst wird die Grundposition im Aikido genauer betrachtet – der japanische Begriff dafür ist *kamae*. Eine spezielle Kampfstellung gibt es im Aikido nicht, vielmehr stehen die Füße hintereinander auf einer Linie. Der hintere Fuß zeigt, wie beim normalen Gehen auch, in Laufrichtung. Hier die Position von vorne.

Die Grundposition im Aikido von der Seite betrachtet.

Wenn man mit Aikido anfängt, ist es besonders wichtig, eine stabile und tiefe Position zu erlernen. Dies bedeutet zu Beginn, dass man die Beinmuskulatur aikidospezifisch trainieren muss. Dafür stehen die Füße hintereinander in weiterem Abstand, als man dies normalerweise gewohnt ist.

Der vordere Fuß ist leicht nach außen gedreht, um mehr Stabilität zu erhalten. Das vordere Knie ist stark gebeugt, sodass sich das Knie in etwa auf Höhe der Zehen befindet. Das Knie zeigt immer in Richtung des Fußes.

Das hintere Bein ist gestreckt, das Gesäß ist angespannt, damit man nicht im Hohlkreuz steht.

Zieht man den vorderen Fuß auf einer geraden Linie zurück, erreicht dieser den Knöchel des hinteren Fußes. Da die Füße sich auf einer Linie befinden, kann man sich ohne Probleme sofort um 180° drehen und hat jetzt dieselbe Position, nur in die andere Richtung.

Diese Position ist natürlich abhängig von der Bewegung, die Tori ausführen möchte, und somit variabel. Grundsätzlich ist es auch möglich, den Abstand zwischen den Füßen etwas zu verkürzen. Das vordere Knie bleibt dabei immer deutlich gebeugt.

In der Grundposition ist der Oberkörper aufrecht (man spricht von einer aufrechten Längsachse), die Schultern sind entspannt und leicht zurückgezogen. Die Arme sind locker, ohne schlaff zu sein – sie vermitteln ein Gefühl der Bereitschaft.

In dieser Haltung kann sich Tori mit der Zeit das Gefühl erarbeiten, ein stabiles Dreieck zu bilden. Der hintere Fuß stellt dabei die Basis des Dreiecks dar, die vordere Hand dessen Spitze.

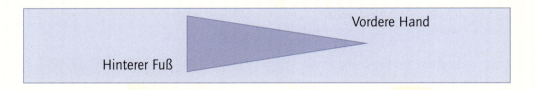

Von vorne gesehen, bietet Tori so ein Minimum an Angriffsfläche. Stehen sich Uke und Tori gegenüber, kann man also das Vorstellungsbild haben: Zwei Dreiecke stehen sich gegenüber, die sich, wenn Uke z. B. *gyaku-hanmi katate dori* greift (vgl. Seite 275), an den Spitzen berühren.

ai-hanmi und gyaku-hanmi

Im Aikido gibt es zwei Positionen *(hanmi)*, in denen sich Uke und Tori zu Beginn einer Bewegung gegenüberstehen können:

- Diagonal *(ai-hanmi)*: Beide haben das gleiche Bein vorne.

- Spiegelsymmetrisch *(gyaku-hanmi)*: Tori hat das rechte und Uke hat das linke Bein vorne oder umgekehrt.

Beginnt man mit Aikido, richtet sich Uke dabei nach der Position von Tori aus. Beide Seiten werden dabei in der Regel abwechselnd geübt.

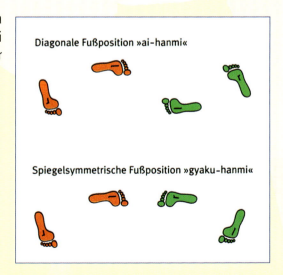

Diagonale Fußposition »ai-hanmi«

Spiegelsymmetrische Fußposition »gyaku-hanmi«

2.2 Fußwechsel auf der Stelle

Die erste Grundübung zum Erlernen der Fußbewegungen besteht darin, einen Fußwechsel auf der Stelle durchzuführen. Aus der oben genannten Grundposition werden die Füße nach vorne zusammengezogen. Dafür macht der vordere Fuß dem hinteren Fuß zunächst etwas Platz. Danach bewegt sich der andere Fuß zurück.

Bei dieser Übung ist Folgendes zu beachten:

- Die Hüfte kommt nicht nach oben, sondern bleibt während der gesamten Bewegung tief, d. h., die Knie sind stark gebeugt.

- Obwohl das Bein, welches zunächst vorne war, zurückbewegt wird, bleibt die Hüfte über einem Punkt. Lediglich die andere Seite kommt nach vorne. Der gesamte Körper wird also nicht vor- und zurückbewegt.

- Der Oberkörper bleibt aufrecht, der Blick geht nach vorne.

- Arme und Schultern sind entspannt. Auf der Seite, auf der der Fuß vorne ist, befinden sich auch die Schulter und der Arm vorne.

- Übt man diesen Wechsel alleine, ist es sinnvoll, nach jeder Bewegung eine Pause zu machen, um die eigene Stabilität wahrnehmen zu können. Fortgeschrittene üben, die Füße so schnell wie möglich zu bewegen.

Mit diesem Fußwechsel werden also nicht nur die Füße ausgetauscht, sondern die jeweils andere Körperseite bewegt sich nach vorne. Im Aikido spricht man dabei von einer linken und rechten Hüftseite. Getauscht werden also nicht nur die Füße, sondern auch die Hüften.

2.3 irimi

Eine fundamentale Fußbewegung im Aikido wird mit dem japanischen Wort *irimi* bezeichnet. Gemeint ist damit ein Schritt (das hintere Bein kommt nach vorne) oder Gleitschritt (die Fußstellung bleibt erhalten) nach vorne. Diese Aktion zeichnet sich durch folgende Punkte aus:

- Tori geht direkt und ohne zu zögern in den Angriff von Uke hinein.

- Tori tritt somit in den Wirkungsbereich von Uke ein und könnte ihn durch einen *atemi* (einen Schlag, um Uke zu stoppen bzw. zu fixieren) treffen.

- Das Bild zur Visualisierung dieser Bewegung könnte sein: Zwei Papierseiten, die man aneinander vorbeischiebt.

Beim ersten Bewegungsbeispiel für *irimi* greift Uke mit *jodan tsuki* (Schlag zum Gesicht von Tori – vgl. Seite 281) an. Idealerweise ist die Distanz so groß, dass Uke zum Erreichen von Tori noch einen Schritt machen muss. Die Fußstellung ist *gyaku-hanmi*.

Im Moment, in dem Uke mit seinem Angriff beginnt, bewegt auch Tori – aus seiner stabilen Position heraus – sein hinteres Bein schon nach vorne.

Wenn Uke glaubt, Tori zu treffen, gleitet Tori am Schlag von Uke vorbei und tritt damit in den Wirkungsbereich von Uke ein. Die diagonale Hand von Tori kontrolliert dabei den Schlag von Uke, ohne diesen aufzuhalten oder zur Seite zu drücken.

Durch diese *irimi*-Bewegung hat Tori jetzt vielfältige Möglichkeiten, Aikido-Techniken anzuschließen, bevor Uke zu einem weiteren Angriff übergehen kann oder sich neu positioniert.

Wichtig bei dieser Bewegung ist, dass die diagonale Hand von Tori den Schlag von Uke weich aufnimmt, um Uke keine Informationen zu liefern. Der Schlag wird also nicht abgeblockt oder in seinem Weg verändert.

Als zweites Bewegungsbeispiel folgt eine *irimi*-Aktion mit dem Schwert (vgl. Kap. 2.10):

Uke greift mit dem *bokken* (Übungsschwert aus Holz) Tori mit *shomen uchi* (gerader Schlag von oben nach unten zum Kopf) an.

Damit Uke Tori erreichen kann, muss er zunächst auf seiner Körperachse mit dem Schwert ausholen, um dann mit einem Gleitschritt vorwärts Tori zu treffen.

In diesen Schlag gleitet Tori mit einem Schiebeschritt nach vorne hinein. Gleichzeitig bewegt Tori das Schwert zum Hals von Uke, dieser wird so in seiner Aktion gestoppt.

Durch dieses Beispiel wird Folgendes deutlich:

- Die Idee von *irimi* kann sehr direkt sein.
- Die Vorwärtsbewegung muss weit genug nach vorne ausgeführt werden, um Uke wirklich zu stoppen.
- Tori muss von seiner eigenen Aktion überzeugt sein und darf keine Angst haben.
- Tori und Uke bewegen sich nahezu zeitgleich.
- Uke greift kontrolliert an, ist also in der Lage, auf die Bewegung von Tori zu reagieren.

Das Beispiel zeigt auch noch einmal gut, dass es sich bei *irimi* nicht nur um eine Fuß- oder Körperbewegung handelt, sondern auch um eine mentale Übung: ohne Angst, sondern mit Selbstvertrauen, positiv und kontrolliert in den Angriff von Uke hineinzugehen. Vom Begründer des Aikido, Morihei Ueshiba, ist demgemäß der Ausspruch überliefert: „Aikido basiert auf *irimi-atemi*", also auf der Möglichkeit von Tori, Uke schon in einer ersten Aktion wirkungsvoll treffen zu können!

2.4   tenkan

Das Gegenstück zur direkten *irimi*-Bewegung ist *tenkan*. Bei *tenkan* wird auf dem vorderen Fuß als Drehachse um 180° rückwärts gedreht. Der vordere Fuß von Tori ist also auch nach der Bewegung weiter vorne. Folgende Punkte sind bei der Drehung besonders wichtig:

- Die Bewegung sieht rund aus, ist aber gerade, d. h., wie beim Fußwechsel auf der Stelle (vgl. Kap. 2.2), bewegen sich die Füße auf einer Linie. Der hintere Fuß beschreibt bei der Drehbewegung keinen Halbkreis.

- Der Oberkörper bleibt während der gesamten Bewegung gerade und pendelt nicht.

- Anfänger lernen im Aikido, schnell und sauber zu drehen, wenn sie mit den Augen sofort wieder einen Punkt fixieren.

- Nach der Drehung ist es sinnvoll, eine Pause zu machen, um die eigene Stabilität zu spüren. Als Fortgeschrittener versucht man, die Drehung so schnell wie möglich auszuführen und der Bewegung mehr Schärfe zu geben.

Als Bewegungsbeispiel greift Uke spiegelsymmetrisch *(gyaku-hanmi)* das Handgelenk von Tori *(katate dori* – vgl. Seite 275). Die Füße von Uke und Tori stehen dabei auf einer Linie.

Uke dient jetzt als Bezugspunkt für die Bewegung von Tori, d. h., er verhält sich neutral und zieht oder drückt nicht. Tori beginnt mit einem Gleitschritt nach vorne, leicht seitlich an Uke vorbei. Durch die Bewegung bringt er seinen Arm an seinen Körper, ohne dass er selbst am Griff von Uke gezogen oder geschoben hat.

Tori beugt die gegriffene Hand ab, sodass seine Finger weg von Uke zeigen. Die Kräfte von Tori und Uke sind jetzt nicht mehr entgegengesetzt, sondern zeigen in dieselbe Richtung.

Da der Griff von Uke jetzt an der Längsachse von Tori ist und diese gleichzeitig die Drehachse der gesamten Bewegung bildet, kann Tori sich auf seinem vorderen Fuß um 180° rückwärts drehen.

Nach der Drehung ist Tori wieder in der Grundposition und steht stabil.

Diese Übung heißt *tenkan-ho* (*ho* = Übung, Studium eines Prinzips, vgl. Kap. 6).

Hier die detaillierte Handposition unmittelbar vor der Rückwärtsdrehung. Der Daumen von Tori und der Unterarm von Uke sind in einer Linie.

Nach und nach versuchen Tori und Uke, die Vorstellung zu entwickeln, dass über das Greifen am Handgelenk ein Dreieck zwischen Uke und Tori entsteht, wobei die beiden Hände an der Spitze zusammentreffen.

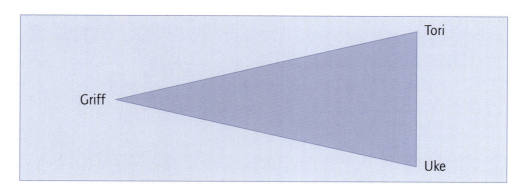

Bei der *tenkan*-Bewegung – insbesondere aus dem oben gezeigten Greifen – geht es also nicht nur um die Drehung, diese könnte Tori ja auch für sich alleine üben. Vielmehr geht es auch darum, einen gemeinsamen Kontaktpunkt zu finden. Aus dem Greifen ist dies relativ einfach, da Uke und Tori sich zunächst nicht bewegen. Später kann Uke mit einem Schritt angreifen und Tori versucht, auch in der Dynamik sicher denselben Kontaktpunkt herzustellen. Dies ist die Grundbedingung für schnelle und effektive Bewegungen. Insbesondere der erste Moment der Kontaktaufnahme ist dabei entscheidend – das japanische Wort hierfür ist *de-ai*.

2.5   tai-sabaki

Irimi und *tenkan* bilden die Elemente für eine fundamentale Fußbewegung im Aikido: *tai-sabaki*; dies bedeutet wörtlich, „den Körper *(tai)* bewegen". Gemeint ist damit im Aikido in der Regel eine Aktion, bestehend aus *irimi* – einen Schritt nach vorne gehen – und *tenkan* – eine Drehung rückwärts. Einfacher gesagt: Ein Schritt, eine Drehung! Die Drehung muss dabei nicht notwendigerweise einen Winkel von 180° haben.

Zu diesem Bewegungsablauf gehört ein bestimmtes Bewegungsgefühl: Zum einen wird durch *tenkan* die Spannung aufgelöst, welche durch die direkte *irimi*-Bewegung entstanden ist. Dies geschieht im Idealfall dann, wenn durch das direkte Hineingehen von Tori die maximale Spannung erreicht wird. Ein zentraler Übungsbestandteil des *tai-sabaki* – und damit des Aikido – besteht deshalb darin, zu erfahren, wo und wann dieser Punkt der höchsten Spannung entsteht.

Zum anderen bedeutet *tai-sabaki*, dass sich anfänglich gegenüberstehende Kräfte an diesem Punkt treffen und sich von dort aus gemeinsam (!) – in der Regel unter der Führung von Tori – weiterentwickeln.

Den Bewegungsablauf von *tai-sabaki* kann der *Aikido-ka* gut für sich alleine üben. Wichtig dabei sind folgende Punkte:

- Die Füße bewegen sich auf einer Linie, d. h. nicht in Form von Halbkreisen. Nur so sind später schnelle und effektive Bewegungen möglich.

- Der Oberkörper bleibt gerade und pendelt nicht.

- Die Hüfte bleibt möglichst tief auf einer Höhe, die Knie sind gebeugt.

- Nach der Drehung ist die Bewegungsrichtung sofort wieder positiv nach vorne orientiert.

- Hände und Schultern bleiben locker und entspannt über den Füßen. Die Hand ist jeweils auf der Seite vorne, auf der auch das Bein vorne steht.

- Wie bei den vorangegangenen Übungen empfiehlt es sich, nach der Bewegung eine Pause zu machen, um die eigene Stabilität wahrnehmen zu können.

Tai-sabaki lässt sich in Bezug zu Uke auf dessen Vorderseite *(omote)* oder Rückseite *(ura)* ausführen.

Zunächst die Bewegung auf die Rückseite von Uke (nach der Bewegung steht Tori also im Rücken von Uke): Uke greift mit *chudan tsuki* (Faustschlag zum Bauch – vgl. Seite 282) an. Die Distanz ist so groß, dass Uke noch einen Schritt machen muss, um Tori zu erreichen.

Im Moment, in dem Uke anfängt, sich nach vorne zu bewegen, startet auch Tori mit seiner Bewegung.

Wenn Uke glaubt, Tori zu treffen, gleitet dieser am Schlag von Uke vorbei *(irimi)*. Die äußere Hand von Tori kann dabei den Schlag von Uke kontrollieren, ohne ihn nach außen zu drücken.

Im Idealfall bewegt sich Tori so nah am Schlag von Uke vorbei, dass dieser leicht den Anzug von Tori touchiert. In diesem Moment maximaler Spannung dreht Tori auf seinem vorderen Fuß als Drehachse rückwärts und steht danach stabil im Rücken von Uke. Beide schauen jetzt in die gleiche Richtung.

Wichtig bei dieser Bewegung ist, dass Tori vor der Drehung die Möglichkeit haben sollte, Uke selbst mit einem *atemi* zu treffen – die Drehung darf also nicht zu früh einsetzen.

Oder mit anderen Worten: Weil Tori die Möglichkeit hat, Uke im ersten Moment zu treffen und damit theoretisch dessen Angriff zu beenden, verzichtet er darauf und dreht rückwärts.

> **Damit wird deutlich, dass Aikido bedeutet, aus der Stärke heraus zu agieren – keinesfalls sind die Ausweichbewegungen mit Weglaufen oder Passivität zu verwechseln!**

Jetzt das *tai-sabaki* auf der Vorderseite von Uke: Dieser greift mit *gyaku-hanmi katate dori* (vgl. Seite 275) an. Er muss zum Fassen des Handgelenks von Tori noch einen Schritt nach vorne machen, die Ausgangsposition ist also *ai-hanmi*.

Im Moment, in dem Uke beginnt, sich nach vorne zu bewegen, startet auch Tori mit dem hinteren Bein. Tori verlässt mit seinem Schritt vorwärts jetzt deutlich die Linie, auf der Uke und Tori zunächst standen.

Die hintere Hand von Tori kommt bei dieser Fußbewegung nach vorne und kontrolliert die Distanz, ohne den Bewegungsfluss anzuhalten.

Im Moment, in dem Uke das Handgelenk von Tori greift, dreht dieser auf dem vorderen Bein rückwärts und nimmt so die Vorwärtsenergie von Uke auf.

Uke bleibt in seiner Rolle als Angreifer aktiv und korrigiert seine Position zu Tori, indem er sich neu ausrichtet (vgl. Kap. 8.1).

Am Ende dieser Bewegung steht Tori auf der Vorderseite von Uke und kann jetzt diverse Aikido-Techniken anschließen. Die Fußposition von Uke und Tori ist diagonal, da Tori mit der Drehung die Füße gewechselt hat.

Auf keinen Fall zieht Tori bei dieser Bewegung mit seiner Hand.

2.6 tai no henka

Diese Fußbewegung ist wie *tai-sabaki* ein Bestandteil vieler Aikido-Techniken und stellt somit neben *irimi* und *tenkan* die dritte fundamentale Bewegung dar. Bei *tai no henka* wird die Bewegungsrichtung um 180° gedreht, ohne dass die Beinstellung sich verändert – lediglich die Füße und die Hüfte werden gedreht. Wie bei *tenkan* bleibt der Oberkörper dabei aufrecht und pendelt nicht oder beugt sich ab.

Nach der Bewegung sollten Tori und Uke wieder das Gefühl entwickeln, ein Dreieck zu bilden, mit der Spitze am Griff von Uke (vgl. Seite 44).

Im folgenden Bewegungsbeispiel greift Uke wie zuvor bei *tenkan* mit *gyaku-hanmi katate dori* das Handgelenk von Tori. Die Fußstellung ist also spiegelsymmetrisch und alle vier Füße stehen auf einer Linie.

Tori beginnt, wie bei *tenkan*, mit einem Gleitschritt vorwärts und bringt so seinen Arm an seinen Körper, ohne zu ziehen oder zu drücken. Gleichzeitig beugt Tori sein Handgelenk ab, sodass seine Finger weg von Uke zeigen (vgl. Detailfoto auf Seite 44).

Die Kraft von Tori und Uke geht jetzt wieder in die selbe Richtung.

Anders als bei *tenkan* dreht Tori nun aber nicht rückwärts, sondern gleitet weiter mit dem vorderen Fuß hinter Uke und dreht seine Hüfte und Füße um 180°.

Uke und Tori schauen jetzt in die gleiche Richtung. Beide haben den gleichen Fuß vorne.

Die Technik *shiho nage* (vgl. Kap. 5.9) ist ein gutes Beispiel für *tai no henka* als Teil einer Basisbewegung. Nachdem Tori den Angriff von Uke durch einen *tai-sabaki* aufgenommen hat (vgl. Kap. 2.5), greift er mit beiden Händen das Handgelenk von Uke. Tori und Uke stehen sich jetzt diagonal gegenüber.

Tori geht jetzt einen Schritt vorwärts *(irimi)*.

Tori verändert dann seine Bewegungsrichtung durch Drehung seiner Hüfte um 180° *(tai no henka)*. Damit Tori diese Bewegung ausführen kann, bewegt er seine Arme etwas nach oben. Wichtig ist dabei, mit den Armen nicht nach außen zu ziehen. Die Arme von Tori bleiben permanent auf dessen eigener Längsachse, seine Ellbogen bleiben unten und werden nicht nach außen rotiert.

2.7 Fußbewegungen im 90°-Winkel

Neben den bereits beschriebenen Bewegungen sind Richtungswechsel in einem Winkel von 90° ein wichtiger Bestandteil der Basis-Fußbewegungen im Aikido. Diese Bewegungen verdeutlichen noch einmal, dass der Grundgedanke im Aikido in einem aktiven und positiven Handeln in Bezug zu einem Angreifer liegt.

Zunächst eine 90°-Bewegung von Tori in Richtung der Vorderseite von Uke *(omote)*: Uke greift mit *kata dori* (die Jacke auf Höhe der Schulter greifen – vgl. Seite 275) an. Die Distanz zwischen Tori und Uke ist so groß, dass Uke noch einen Schritt machen muss, um die Schulter von Tori zu erreichen.

Im Moment, in dem Uke mit seinem Angriff beginnt, startet auch Tori mit seiner Bewegung. Er macht dafür einen Schritt vorwärts *(irimi)*. Die hintere Hand kontrolliert dabei die Distanz zu Uke.

Im Moment, in dem Uke die Jacke von Tori zu fassen beginnt, verändert Tori seine Bewegungsrichtung im Winkel von 90° nach außen. Dafür platziert er sein hinteres Bein im Winkel von 90° in Bezug zu seiner Ausgangsposition.

Die Hand von Tori, welche zunächst die Distanz zu Uke kontrolliert hat, bewegt sich jetzt in den Ellbogen von Uke und bringt ihn im 90°-Winkel nach außen.

Auf Grund der Bewegung in seinen Ellbogen und der potenziellen Gefahr, von der anderen Hand Toris getroffen zu werden, akzeptiert Uke die Bewegungsrichtung nach außen und rollt nach vorne ab.

Diese Bewegung ist zugleich ein gutes Beispiel dafür, dass anspruchsvollere Techniken im Aikido ein Lernen und intelligentes Agieren von Uke voraussetzen (vgl. Kap. 8). Würde er in dieser Übung z. B. einfach seinen Arm entspannen, könnte er nicht mehr adäquat reagieren. Insofern ist diese Bewegung auch keine reine Basisbewegung, da Uke bereits ein bestimmtes Bewegungsmuster erlernt haben muss, um auf die Bewegungen von Tori sinnvoll antworten zu können. Daraus folgt auch, dass sich im Aikido der Fortschritt von Uke und Tori gegenseitig bedingt (vgl. Kap. 7).

Zur Verdeutlichung nun noch einmal die Fußbewegung ohne Uke:

Jetzt folgt eine 90°-Bewegung auf die Rückseite von Uke *(ura)*. Der Angriff bleibt *kata dori*. Uke macht wieder einen Schritt, um die Schulter von Tori erreichen zu können.

Tori beginnt (im Gegensatz zur ersten Bewegung) seine Bewegung mit einem Gleitschritt nach vorne und nach außen.

Im Moment, in dem Uke die Schulter von Tori erreicht, verändert Tori die Bewegungsrichtung um einen Winkel von 90°. Dafür stellt er seinen hinteren Fuß in einen 90°-Winkel in Bezug zu seiner Ausgangsposition. Gleichzeitig kontrolliert die hintere Hand von Tori die vordere Schulter von Uke.

Durch diese Bewegung von Tori wird Uke aus dem Gleichgewicht gebracht. Seine Hand funktioniert dabei als „Abstandshalter" zu Tori und Uke rollt nach vorne ab.

Zur Verdeutlichung der Bewegungsablauf ohne Uke:

2.8   tsugi ashi

Neben den oben beschriebenen Basis-Fußbewegungen stehen oftmals Gleitschritte *(tsugi ashi)* am Beginn einer Aikido-Technik. Diese haben dann die Funktion, die Distanz zwischen Tori und Uke zu verändern bzw. die Techniken zu initiieren.

Gleitschritt bedeutet: Der vordere Fuß schiebt nach vorne, der hintere Fuß drückt nach vorne – und umgekehrt in die andere Richtung. Gleitschritte werden auch im Verlauf der Techniken eingesetzt, um die Distanz zwischen Tori und Uke zu modellieren.

Im folgenden Bewegungsbeispiel greift Uke *mae geri* (Fußtritt zum Bauch – vgl. Seite 283) an.

Mit einem Gleitschritt vorwärts kann Tori die Distanz zu Uke verkürzen, um danach z. B. mit *irimi* am Tritt von Uke vorbeizugleiten.

Die Bewegung von Tori ist dabei nur minimal nach außen.

Er gleitet am Tritt in dem Moment vorbei, in dem Uke glaubt, Tori zu treffen.

Tori kann auch im Moment, in dem Uke glaubt, ihn zu erreichen, mit einem Gleitschritt rückwärts die Distanz verlängern.

Dabei muss die Distanz bis zu dem Moment, in dem Uke tatsächlich zutritt, so beschaffen bleiben, dass Uke Tori noch erreichen kann. Ginge Tori zu früh zurück, würde Uke Tori zunächst folgen und dann angreifen. Im hier gezeigten Beispiel verlängert Tori also im letzten Moment den Angriff von Uke.

2.9 shikko

Zu den Basis-Fußbewegungen im Aikido gehört auch, sich auf Knien bewegen zu können. Da Aikido aus Japan kommt, ist diese Übungsform zum einen historisch bedingt, zum anderen bietet sie die Möglichkeit, ein Gefühl für eine stabile Hüfte oder ein stabiles Zentrum zu entwickeln (vgl. Kap. 6.1). Auch werden die Beinmuskeln trainiert, und der *Aikido-ka* kann gut überprüfen, ob er seinen Oberkörper aufrecht hält.

Grundsätzlich ist Folgendes zu beachten:

- Die Zehen sind aufgestellt.
- Der Oberkörper bleibt gerade.
- Das Gesäß ruht möglichst auf den Fersen.
- Die Fersen bleiben möglichst zusammen.
- Mindestens ein Knie ist immer auf der Matte.
- Beim Drehen müssen die Knie zusammenkommen, um eine Drehachse zu bilden.
- Wird ein Knie für die Bewegung aufgestellt, sollte der Winkel zwischen Ober- und Unterschenkel weniger als 90° betragen.

Zunächst der Bewegungsablauf ohne Uke – diesen kann man als Anfänger gut für sich alleine üben.

Als Bewegungsbeispiel wird im Folgenden die erste Haltetechnik – *ikkyo* (vgl. Kap. 5.1) – gezeigt. Wie alle Haltetechniken lässt sie sich vor *(omote)* und hinter *(ura)* Uke durchführen.

shomen uchi ikkyo omote waza

Zunächst die *omote*-Bewegung: Die Ausgangsdistanz ist so, dass Uke noch eine Vorwärtsbewegung machen muss, um Tori zu erreichen.

Dafür greift Uke mit *shomen uchi* (gerader Schlag zum Kopf von oben nach unten – vgl. Seite 279) an. Er nimmt seine hintere Hand über seinen Kopf und stellt das hintere Knie nach vorne auf. Tori stellt gleichzeitig sein vorderes Knie nach vorne seitlich auf und bereitet so das Verlassen der Angriffslinie von Uke vor.

Uke gleitet jetzt weiter nach vorne und schlägt zum Kopf von Tori. Dieser setzt sein vorderes Knie nach vorne ab und stellt sein hinteres Knie nach vorne auf *(shikko)*. Zeitgleich hebt er seinen vorderen Arm, um so den Schlag von Uke aufzunehmen. Dabei greift er nicht, sondern gleitet am Unterarm von Uke von unten nach oben entlang. Der hintere Arm von Tori greift den Ellbogen von Uke.

Uke fegt durch seine Vorwärtsbewegung mit seinem hinteren Knie seinen vorderen Knöchel weg und landet auf seinem Unterarm.

Tori bringt jetzt seine Arme vor seiner eigenen Längsachse nach unten und schließt so die Bewegung. In der Abwärtsbewegung greift Tori mit der diagonalen Hand das Handgelenk von Uke (oberhalb der Handinnenfläche). In dieser Schlüsselposition kann er Uke kontrollieren.

Tori setzt jetzt sein vorderes Knie nach vorne ab und stellt sein hinteres Knie nach vorne außen auf. Dabei fixiert er die Schulter von Uke.

Tori setzt dann sein Knie nach vorne ab und bringt die Schulter von Uke auf den Boden. Uke entspannt seine Schulter; er legt sich nicht von alleine hin, akzeptiert aber die Bewegung von Tori.

Die Endposition für *ikkyo*: Das innere Knie von Tori befindet sich an der Achsel von Uke, das äußere Knie an dessen Handgelenk. Das Gesäß ist auf den Fersen, die Zehen sind aufgestellt, der Rücken gerade. Der Arm von Uke wird deutlich gefasst, aber nicht auf den Boden gedrückt.

shomen uchi ikkyo ura waza

Nun die *ura*-Bewegung: Uke greift erneut so an wie bei *omote waza*. Tori beginnt jetzt aber, indem er sein hinteres Knie nach vorne außen aufstellt.

Die Distanz ist so beschaffen, dass Uke noch einen Schritt machen muss, um Tori zu erreichen.

Wie bei *omote* kontrolliert der diagonale Arm von Tori den Angriff von Uke, ohne zu greifen. Die andere Hand greift den Ellbogen von Uke.

Tori bringt jetzt seine Knie nach vorne zusammen, um eine Drehachse zu erhalten, und dreht sich um 180° rückwärts. Mit der Drehung bringt er seine Hände vor seiner Längsachse nach unten, wobei er die Schulter von Uke als Erstes auf den Boden bewegt. Bei dieser Abwärtsbewegung greift Tori mit dem diagonalen Arm das Handgelenk von Uke oberhalb der Handinnenfläche.

Uke akzeptiert entspannt die Bewegung und lässt seine Schulter locker.

Nach der Drehung öffnet Tori wieder seine Knie und kontrolliert Uke. Das innere Knie von Tori ist an der Achsel von Uke, das äußere Knie am Handgelenk. Das Gesäß ist auf den Fersen, die Zehen sind aufgestellt, der Rücken gerade. Der Arm von Uke wird deutlich gefasst, aber nicht auf den Boden gedrückt (s. o.).

Folgende Punkte sind bei diesen Bewegungen wichtig:

- Bei *omote* sollte mit der Zeit eine gleitende Vorwärtsbewegung entstehen. Die Knie werden nicht hart abgesetzt, sondern das hintere Knie kommt sofort wieder nach vorne.

- Die Bewegungsrichtung ist bei *omote* bestimmt durch das Verlassen der Angriffslinie von Uke nach außen; das Zurückkehren in diese Angriffslinie, um das Gleichgewicht von Uke zu brechen; und das erneute Verlassen der Angriffslinie, um Uke auf den Bauch zu legen.

- Bei *ura* erfolgt die Drehung kompakt und stabil. Mit der Zeit sollte Uke versuchen, bei der Drehung zu beschleunigen.

- Bei der Drehung müssen die Knie zusammen sein.

2.10 Fußstellungen bei Schwertübungen

Zwischen den Fußpositionen bei Übungen mit dem Schwert *(bokken)* und den Techniken im Aikido gibt es viele Gemeinsamkeiten. Dies betrifft u. a. die Art und Weise, wie man die Füße bewegt und welche Positionen der *Aikido-ka* einnimmt:

seigan kamae

Die Füße stehen hintereinander auf einer Linie. Der vordere Fuß zeigt gerade nach vorne, der hintere Fuß in Laufrichtung. Zieht man den vorderen Fuß zum hinteren, berühren sich Ferse und Knöchel.

Dreht man sich jetzt um ca. 90°, sind die Füße geschlossen nebeneinander, dreht man weiter, hat man dieselbe Position wie zuvor, nur um 180° gedreht. Das bedeutet: Diese Fußstellung erlaubt es, sich sofort um 180° drehen zu können – eine für viele Techniken im Aikido wichtige Bedingung.

mu kamae

Diese häufig im *kenjutsu* verwendete Position betont besonders den tiefen Stand, der

es ermöglicht, sofort nach vorne zu agieren. In dieser Position stehen die Füße weiter auseinander als bei *seigan kamae*, aber ebenfalls hintereinander auf einer Linie. Der vordere Fuß ist leicht nach außen gedreht – Knie und Fuß zeigen dabei in eine Richtung.

Das vordere Knie ist stark gebeugt, das hintere Bein ist stabil. Das Gesäß ist angespannt, sodass man nicht im Hohlkreuz steht.

waki kamae

Auch bei dieser Position ist der tiefe Stand besonders wichtig. Das Schwert befindet sich seitlich nach hinten am Körper, sodass es von vorne nicht zu sehen ist. Der vordere Fuß ist leicht zur Seite geöffnet und das Knie stark gebeugt.

Alle in diesem Kapitel vorgestellten Fußpositionen und Bewegungen können vom *Aikido-ka* auch gut alleine geübt werden. Dabei sollte man auf folgende Punkte achten:

- Langsam anfangen und sich Zeit lassen! Die Bewegungen sehen einfach aus – gerade das aber macht sie schwierig. Insbesondere ist es wichtig, nach jeder Bewegung eine Pause einzulegen, um die eigene Stabilität überprüfen und wahrnehmen zu können.

- Das Vorstellungsbild gerader Bewegungen entwickeln! Manchmal werden die Aikido-Bewegungen mit Tanzschritten verglichen. Die Bewegungen sollen aber nicht immer runder werden, sondern das Gegenteil ist der Fall. Nur gerade Fußbewegungen können langfristig auch zu schnellen Aktionen führen. Daher ist es wichtig, sich Folgendes zu verdeutlichen: Die Fußbewegungen im Aikido werden auf einer Linie ausgeführt und beschreiben keine Halbkreise.

- Der Oberkörper bleibt bei allen Übungen aufrecht und pendelt nicht.

- Die Drehungen sollen mit der Zeit an Schärfe zunehmen und so an Geschwindigkeit gewinnen.

- Arme und Hände bleiben entspannt, sind aber nicht schlaff, sondern weisen eine gewisse Grundspannung auf.

- Die Schultern sind locker und leicht zurückgezogen.

- Der Blick geht nach vorne. Bei Drehungen sollte möglichst schnell wieder ein Punkt fixiert werden.

„Wer verstehen will, muss Geduld haben."

Albert Camus

3 Handbewegungen

- Wie bewegen sich die Hände im Aikido?
- Warum fasst Uke die Handgelenke von Tori?
- Wie reagiert Tori auf Schläge und Tritte?

Im Aikido wird mit sehr unterschiedlichen Angriffen geübt. Dadurch kann ein breites Spektrum an Bewegungsmöglichkeiten kennen gelernt werden. Eine Zusammenstellung aller im Aikido verwendeten Angriffe findet sich in Kap. 8.3.

Angriffe, bei denen gefasst wird, ermöglichen es, die Bewegungen langsam zu erlernen und ein sensibles Gespür für die Bewegungsqualität zu entwickeln. Dieses benötigt der *Aikido-ka*, um z. B. mit einem Schlag oder Tritt effektiv umgehen zu können.

Grundsätzlich ist beim Greifen Folgendes zu beachten:

- In der Regel ist das Bein auf der Seite vorne, auf der auch der Arm vorne ist.
- Gefasst wird deutlich, aber entspannt; die Schultern bleiben locker.
- Der kleine Finger greift besonders stark, der Ringfinger etwas weniger stark usw. Der Daumen erzeugt denselben Druck wie die anderen vier Finger der Hand zusammen.
- Die Handinnenfläche von Uke hat vollen Kontakt zum Handgelenk von Tori.
- Wird der Griff nicht benutzt, bleibt auch der Arm entspannt, ohne schlaff zu sein. Der Ellbogen ist beweglich.
- Uke schiebt nicht nach vorne (Tori wegzuschieben, stellt in der Regel keinen Angriff dar).
- Bei den unten demonstrierten Bewegungen benutzt Tori seine Hand wie ein Schwert, wobei die Handkante die Schneide darstellt *(te-gatana)*.

3.1 Handbewegungen aus ai-hanmi katate dori

Ai-hanmi katate dori bezeichnet das diagonale Greifen des Handgelenks von Tori. Dieser Griff ist eher als eine interessante Lernform und weniger als ein Angriff zu verstehen, da Uke durch sein Fassen den Winkel, in dem er zu Tori steht, nicht kontrollieren kann.

Tori hat die Möglichkeit, seine Hand so anzubieten, dass sein Daumen entweder nach oben zeigt oder der Arm gedreht wird – der Daumen zeigt dann also nach unten. Daraus ergeben sich fünf grundsätzliche Möglichkeiten, mit dem Griff von Uke umzugehen:

Erste Möglichkeit

Der Daumen von Tori zeigt nach oben.

Tori fasst selbst das Handgelenk von Uke und benutzt dann seinen eigenen Daumen, um die Position von Uke zu öffnen (nach rechts, wenn der rechte Arm gefasst wurde, und umgekehrt).

Dabei achtet er darauf, dass sein eigener Ellbogen nicht nach außen rotiert wird. Tori könnte Uke jetzt mit seiner freien Hand treffen *(atemi)*. Gleichzeitig verhindert er, dass Uke ihn erreichen kann.

Mögliche Techniken aus diesem Anfang sind z. B.:
shiho nage omote, ude kime nage omote, koshi nage.

Zweite Möglichkeit

Der Daumen von Tori zeigt nach oben.

Tori bringt sein Handgelenk etwas zurück und nach oben, ohne zu ziehen.

Danach bewegt er seine Handkante (die Seite des kleinen Fingers) um das Handgelenk von Uke. Wie bei der ersten Bewegung achtet Tori darauf, dass er seinen Ellbogen bei dieser Bewegung nicht nach außen dreht.

Die Hand von Tori kommt so auf die andere Seite des Handgelenks von Uke. Führte Tori seine Bewegung weiter fort, würde sich der Griff von Uke lösen. Da Uke entspannt festhält, kann er seinen Griff beibehalten.

Eine mögliche Technik aus diesem Anfang ist z. B.: *kote gaeshi*.

Dritte Möglichkeit

Der Daumen von Tori zeigt nach oben.

Tori geht einen Schritt an Uke vorbei *(irimi)* und dreht zugleich seine Handinnenfläche nach oben.

Die Hüfte von Tori dreht sich dabei um 180° *(tai no henka)*. So beginnt sich der Griff Ukes zu lösen.

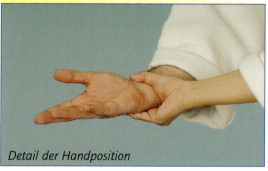

Detail der Handposition

Mögliche Techniken aus diesem Anfang sind z. B.:
kote gaeshi, uchi kaiten nage, uchi kaiten sankyo.

Vierte Möglichkeit

Der Daumen von Tori zeigt nach oben.

Tori geht einen Schritt an Uke vorbei und dreht dabei seine Handinnenfläche nach unten.

Im Gegensatz zur vorherigen Bewegung zeigt der Daumen von Tori jetzt zu Uke. Dieser kann somit zunächst gut festhalten. Tori kann Uke nun wieder mit seiner freien Hand erreichen *(atemi)*; mit anderen Worten: Die Position von Uke wurde geöffnet.

Mögliche Techniken aus diesem Anfang sind z. B.:
uchi kaiten nage, uchi kaiten sankyo.

Fünfte Möglichkeit

Der Daumen von Tori zeigt jetzt nach unten, sein Arm ist also gedreht.

Tori bringt jetzt seine Hand in Richtung der Finger von Uke in einem Halbkreis nach außen oben, bis seine Hand vor seiner eigenen Längsachse angekommen ist.

Der Arm von Tori ist dabei weder gestreckt noch eingebeugt, sondern hat eine leicht runde Form *(te-gatana)*.

Mögliche Techniken aus diesem Anfang sind z. B.:
ikkyo, nikkyo, irimi nage.

3.2 Handbewegungen aus gyaku-hanmi katate dori

Gyaku-hanmi katate dori bezeichnet das spiegelsymmetrische Greifen des Handgelenks von Tori. Dieser Griff ermöglicht es Uke, den Winkel, in welchem er zu Tori steht, zu kontrollieren.

Wie bei *ai-hanmi katate dori* kann Tori seine Hand so anbieten, dass sein Daumen entweder nach oben zeigt oder der Arm gedreht wird – der Daumen zeigt dann nach unten. Daraus ergeben sich auch hier fünf grundsätzliche Möglichkeiten, mit dem Griff von Uke umzugehen.

Erste Möglichkeit
Der Daumen von Tori zeigt nach oben.

Tori bewegt seine Hand nach unten, kreisförmig nach außen und dann mit der Handkante zurück nach oben in Richtung des Kopfs von Uke.

Der Griff von Uke ist entspannt, so kann er weiter festhalten.

Zum Schluss der Bewegung befindet sich die Hand von Tori vor seiner eigenen Längsachse. Sein Arm ist – wie bei der vorangegangenen Bewegung – weder vollständig gestreckt noch eingebeugt.

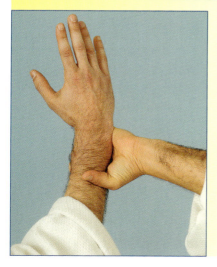

Detail der Hand-position

Eine mögliche Technik aus diesem Anfang ist z. B.:
soto kaiten nage.

Zweite Möglichkeit

Der Daumen von Tori zeigt nach oben.

Tori beugt sein Handgelenk so ab, dass seine Finger zu ihm zeigen. Zeitgleich macht er einen Gleitschritt vorwärts und bringt so seinen Körper zu seinem Arm.

Die freie Hand kontrolliert den Unterarm, das Handgelenk von Uke von oben, indem Tori selbst greift.

Tori dreht schließlich seine Hüfte um 180°, ohne die Beinstellung zu verändern (vgl. *tai no henka* in Kap. 2.6).

Mögliche Techniken aus diesem Anfang sind z. B.:
irimi nage, shiho nage, ude kime nage.

Dritte Möglichkeit

Der Daumen von Tori zeigt nach oben.

Tori dreht seine Handfläche nach unten, der Daumen zeigt jetzt zu ihm.

Mit einem Gleitschritt vorwärts dreht er seinen Ellbogen nach vorne. Sein gefasstes Handgelenk bildet dabei die Rotationsachse für seinen Ellbogen. Am Griff von Uke wird also nicht gezogen.

Die freie Hand von Tori bewegt sich von oben nach unten zwischen den Griff von Uke und den Unterarm von Tori und löst so den Griff von Uke endgültig.

Tori achtet bei dieser Bewegung gut auf die Distanz zwischen ihm und Uke. Sein eigener Arm ist am Ende der Bewegung nicht an seinem Körper.

Mögliche Techniken aus diesem Anfang sind z. B.:
kote gaeshi, kokyu nage.

Vierte Möglichkeit

Der Daumen von Tori zeigt nach oben.

Tori gleitet nach vorne und bringt seine gefasste Hand kreisförmig nach innen oben, dabei kann er in seine eigene Handinnenfläche schauen.

Die freie Hand kreuzt diesmal von unten nach oben zwischen den Unterarm von Uke und den Unterarm von Tori und kann so den Griff von Uke lösen.

Mögliche Techniken aus diesem Anfang sind z. B.:
irimi nage, soto kaiten nage.

Detail der Handpositionen (180° gedreht)

Fünfte Möglichkeit

Der Daumen von Tori zeigt nach unten.

Tori bewegt seine Handkante etwas nach oben und dann von innen nach außen um das Handgelenk von Uke herum.

Diese Bewegung wird einfacher, wenn Tori dabei seine Fußposition wechselt. Die Hände von Tori bleiben bei dieser Bewegung immer vor seiner Längsachse.

Am Ende der Abwärtsbewegung kann er selbst das Handgelenk von Uke fassen und so den Ellbogen von Uke kontrollieren.

Mögliche Techniken aus diesem Anfang sind z. B.:
shiho nage, ude kime nage.

3.3 Greifen mit dem Schwert

Die Vorstellungsbilder für die beiden Angriffe *ai-hanmi katate dori* und *gyaku-hanmi katate dori* bzw. die oben gezeigten Handbewegungen von Tori in Reaktion auf diese Angriffe können zur besseren Verdeutlichung auch aus der Arbeit mit dem Schwert abgeleitet werden.

So verhindert beispielsweise das Greifen von Uke bei *ai-hanmi katate dori*, dass Tori sein Schwert aus der Scheide ziehen kann.

Bei *gyaku-hanmi katate dori* positioniert sich Uke so, dass Tori ihn auch mit dem Griff seines Schwerts nicht treffen kann.

Das heißt, Tori und Uke stehen in folgendem Winkel zueinander: Das Greifen von Uke ist auf die Längsachse von Tori gerichtet, während die Hand bzw. das Schwert von Tori an Uke vorbeizeigt. Beide stehen sich also nicht frontal gegenüber.

Öffnet sich die Bewegung bei *ai-hanmi katate dori* nach oben (vgl. Seite 74), entspricht dies dem Ziehen des Schwerts aus der Scheide nach oben.

Uke macht einen Schritt und greift das diagonale Handgelenk von Tori. Dieser ist aber schon dabei, sein Schwert aus der Scheide nach oben zu ziehen.

Oder Tori kontrolliert Uke über einen Hebel am Handgelenk mit dem Schwertgriff (*nikkyo ura* – vgl. Kap. 5.2), nachdem dieser diagonal gefasst hat. Tori kann jetzt das Schwert vollständig ziehen und Uri so kontrollieren.

Detail der Schwertposition und der Hände

3.4   Handbewegungen bei Schlägen und Tritten

Durch das Üben der Techniken gegen Angriffe, bei denen gefasst wird, ergibt sich die Sicherheit, auch mit Schlägen und Tritten umgehen zu können. Dabei geht es zu Beginn des Aikido-Studiums weniger um eine realistische Anwendung, als vielmehr um eine deutliche Kontrolle der Schläge und Tritte (zum Unterschied zwischen Technik und Anwendung vgl. Kap. 7.3).

Durch diese Kontrolle erhält Tori Sicherheit und Selbstvertrauen im Umgang mit den Angriffen und kann so nach und nach zu weicheren Bewegungen kommen – was folgende Bewegungsbeispiele (die sich auf die zuvor gezeigten Handbewegungen beziehen) verdeutlichen sollen:

Uke und Tori stehen sich in diagonaler Ausgangsposition gegenüber.

Uke schlägt *chudan tsuki* (gerader Schlag zum Bauch), die Fußstellung ist im Moment des Treffens wie bei *ai-hanmi*, da sowohl Tori als auch Uke bei dieser Bewegung einen Schritt nach vorne machen.

Tori fixiert Uke mit einem Schritt vorwärts an dessen vorderer Schulter – ohne ihn zurückzudrücken – mit der Handkante.

Der Arm von Tori muss dabei genug Spannung haben und darf auch bei einem starken Angriff nicht nachgeben. Gleichzeitig ist der Arm aber auch nicht völlig gestreckt.

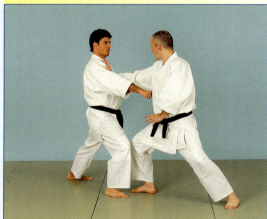

Die Position von Tori muss tief und stabil sein, um Uke effektiv anhalten zu können. Der Oberkörper bleibt aufrecht.

Wenn die Bewegung korrekt ist, kann Uke Tori nicht erreichen.

Die Handkante ist an der Schulter von Uke.

Uke greift *mae geri* (Tritt zum Bauch) an. Tori kann etwas zurückgleiten *(tsugi ashi)*, um die Distanz für Uke zu verlängern (vgl. Kap. 2.8).

Seine vordere Hand bewegt sich von oben nach unten in einer diagonalen Schneidebewegung und kontrolliert so den Tritt von Uke. Der Tritt wird dabei leicht nach außen gelenkt.

Die Handbewegung von Tori bleibt dabei aber immer vor seiner eigenen Längsachse.

Tori kontrolliert seitlich den Tritt von Uke.

Uke greift *chudan tsuki* an.

Tori geht einen Schritt am Schlag Ukes vorbei *(irimi)* – und zwar im Moment der höchsten Spannung, also dann, wenn Uke davon ausgeht, Tori zu treffen.

Seine äußere Hand kontrolliert dabei den Ellbogen von Uke, seine vordere Hand bewegt sich in einer schneidenden Bewegung von außen nach innen und kontrolliert so die Distanz zu Uke.

Die Distanz zu kontrollieren, bedeutet: Gleitet Tori weiter nach vorne oder nähert sich Uke zu stark an, kann Tori Uke am Kopf treffen.

Uke greift *jodan tsuki* (Schlag zum Kopf – vgl. Seite 281) an. Die Fußstellung ist dabei im Moment des Treffens diagonal *(ai-hanmi)*.

Tori gleitet etwas zurück, um die Distanz für Uke zu verlängern, und kontrolliert mit der vorderen diagonalen Hand den Arm bzw. den Schlag von Uke.

Dabei fegt er den Arm von Uke nicht nach außen, sondern nimmt die Bewegung auf und lässt seine Hand vor seiner eigenen Längsachse.

Der Arm muss dabei genug Spannung haben, um den Schlag von Uke aufnehmen zu können. Tori senkt sich deutlich in seiner Position ab.

Uke greift *chudan tsuki* an.

Tori gleitet nach vorne und dreht seine Hüfte *(tai no henka)*.

Zeitgleich dreht er durch eine Rotation an seinen Schultern seine Handkanten nach außen. Die Ellbogen werden ebenfalls natürlich nach außen gedreht, aber nicht angehoben.

Der Kontakt entsteht im Moment, in dem Uke glaubt, Tori zu treffen.

Der innere Arm kontrolliert so den Schlag von Uke. Tori braucht für diesen starken Kontakt eine stabile Position. Mit fortschreitendem Üben versucht Tori mehr und mehr, im Moment, in dem der Kontakt entsteht, den Platz von Uke einzunehmen.

Uke greift mit einem Schritt vorwärts *chudan tsuki* an. Tori gleitet nach vorne *(tsugi ashi)*, dabei kontrolliert seine äußere Hand den Schlag von Uke.

Die freie Hand von Tori bewegt sich von oben nach unten und kontrolliert zusätzlich den Schlag von Uke.

In dieser Bewegung hat Tori also drei Sicherheiten, um nicht vom Schlag getroffen zu werden: den Gleitschritt nach vorne außen, die äußere Hand am Ellbogen und die innere Hand in ihrer Abwärtsbewegung. Jede Bewegung für sich sollte auch schon ausreichen, um dem Schlag von Uke zu entgehen.

Detail der Handpositionen

Uke greift mit einem Schritt *jodan tsuki* an. Tori macht einen Gleitschritt vorwärts.

Die vordere Hand von Uke kontrolliert den Schlag, ohne ihn nach außen zu drücken.

Die hintere Hand kreuzt von unten nach oben und kontrolliert zusätzlich den Angriff von Uke. Der Oberkörper von Tori bleibt aufrecht, seine Position tief und stabil.

Beide Arme haben genug Spannung, um den Schlag von Uke zu kontrollieren.

Detail der Handpositionen

Christian Tissier und Martina Dorka – kote gaeshi

„Die Arbeit des Budo ist der Abbau der Furcht."

Christian Tissier

4   Arbeit an der Konstruktion

- Wie arbeitet man im Aikido?

- Wie erlangt man Selbstvertrauen und Sicherheit?

- Wie kann Tori das im Aikido benutzen, was er sich durch das Aikido erarbeitet hat?

Die Basistechniken im Aikido funktionieren nicht bei einem realistischen Angriff. Warum übt man sie dann?

Mit dieser Fragestellung gelangt man zu einem Paradox, welches für das Verständnis von Aikido als Kampfkunst essenziell ist: Die Lösung des Widerspruchs besteht darin, sich bewusst zu machen, dass die Basistechniken für das Lernen der Übenden selbst gemacht sind und nicht dafür, gegen den Übungspartner bzw. gegen einen Angreifer zu agieren.

Das bedeutet, dass die Basistechniken es dem *Aikido-ka* ermöglichen, folgende Qualitäten zu entwickeln:

- Der *Aikido-ka* kann den logischen Ablauf der Techniken begreifen, d. h., er versteht die festgelegten Fuß- und Handbewegungen und kann diese verinnerlichen.

- Er kann sich einen sicheren und tiefen Stand erarbeiten, d. h., die aikidospezifischen Positionen werden trainiert und eine bestimmte, aikidospezifische Muskulatur wird aufgebaut.

- Der Gebrauch der Arme und Hände wird erlernt, d. h., Sicherheit im Anhalten und Kontrollieren von Schlägen und Sicherheit im eigenen Greifen werden geübt.

- Hinzu kommt das Erlernen des richtigen Timings in der Situation. Das heißt, nicht nur zur richtigen Zeit am richtigen Ort zu sein, sondern auch, durch die Erfahrung das eigene Potenzial und das Potenzial des Gegenübers richtig einschätzen zu können.

- Schließlich werden durch das Üben der Basistechniken die allen Techniken zugrunde liegenden Prinzipien erkannt, verstanden und verinnerlicht (vgl. Kap. 6).

Der Zweck der Basistechniken ist es also, es dem *Aikido-ka* zu ermöglichen, diese fünf Qualitäten zu entwickeln und ständig zu verbessern, da sie das Fundament des Aikido als Bewegungskunst bilden. Hierbei arbeitet man hauptsächlich an sich selbst und weniger gegen den Übungspartner. Dieser stellt vielmehr das notwendige und angemessene Hindernis für den Übenden dar, denn:

- damit der sichere Bewegungsablauf einer Technik erlernt werden kann, benötigt man einen Übungspartner als Korrektiv.

- von einem sicheren Stand in der Aikido-Technik kann nur in Bezug zu einem anderen gesprochen werden.

- Gleiches gilt für die Sicherheit im Greifen und im Anhalten von Schlägen. Diese Sicherheit erlernt Tori in Bezug zu den Angriffen von Uke.

- das richtige Timing verdeutlicht diese dialogische Idee des Aikido-Übens par excellence – denn für sich alleine kann der *Aikido-ka* kein korrektes Timing haben, da der Bezugspunkt fehlt.

Diese Arbeit mit den Basistechniken wird auch als „Konstruktion" bezeichnet. Mit anderen Worten: Tori und Uke erarbeiten sich durch ihr gemeinsames Üben im wechselseitigen Miteinander-Gegeneinander oben genannte Punkte.

Die Betonung liegt hier auf dem konstruktiven Miteinander. Uke gibt durch seinen Angriff Tori die Möglichkeit zu lernen und umgekehrt. Tori ist dabei auf Uke als sinnvollen und interessanten Angreifer angewiesen, da er nur so Fortschritte machen kann.

Die Konstruktionsarbeit ist dabei für alle Übenden gleich. Lediglich das Hindernis durch Uke ist für Tori, abhängig von seinen körperlichen Fähigkeiten, unterschiedlich stark. Etwas schwächere Menschen arbeiten also an derselben Konstruktion wie physisch stärkere Übende – nur eben in Bezug zu ihrer geringeren Kraft. Natürlich ist es im normalen Training möglich, dass ein deutlich stärkerer *Aikido-ka* einen schwächeren blockiert. Im Sinne der hier entfalteten Konzeption erscheint dies aber wenig sinnvoll. Allerdings ist umgekehrt das Ziel der Arbeit an und mit der Konstruktion, in einem immer geringeren Maße auf physische Kraft angewiesen zu sein, sondern stattdessen immer effektiver die Prinzipien des Aikido zu nutzen.

Erst wenn die oben genannten Punkte durch langjährige Arbeit verinnerlicht wurden, können die Basistechniken so modifiziert werden, dass sie auch ohne das konstruktive Verhalten von Uke funktionieren – dies ist dann die Voraussetzung für eine direkte, realistisch-funktionale Anwendung des Erlernten (vgl. Kap. 7.3).

Wichtig ist also zu verstehen, dass im Aikido unterschieden wird zwischen dem Erlernen der Basistechniken mit der auf sie bezogenen Konstruktionsarbeit und dem Bereich der Anwendung der Erkenntnisse und Fähigkeiten als Resultat dieser Konstruktionsarbeit.

Wenn im Aikido-Training Situationen entstehen, bei denen die Übenden feststellen, dass ihre Bewegungen bei einem bestimmten Verhalten von Uke nicht funktionieren, kann dies demnach drei Gründe haben: Tori ist in der Erarbeitung seiner Fähigkeiten noch nicht fortgeschritten genug. Tori versucht, Techniken gegen Uke zum Einsatz zu bringen, die nicht dafür gedacht sind – nämlich die Aikido-Basistechniken. Oder Uke versteht seine Rolle als konstruktiver Angreifer nicht und blockiert die Bewegung von Tori in unangemessener Weise.

Schon mehrfach wurde darauf hingewiesen (vgl. Kap. 1), dass die Aikido-Techniken auch als Methode einer sogenannten „inneren", mentalen Arbeit dienen. In Bezug auf die Konstruktionsarbeit bedeutet dies, dass die Art und Weise der physischen Konstruktion auch Auswirkungen auf die mentale Verfasstheit hat. Insofern ist es wichtig, dass die Konstruktionsarbeit zu Bewegungen führt, die einen Austausch bzw. eine Kommunikation ermöglichen.

Die Arbeit an der Konstruktion soll nachfolgend an einigen Beispielen erklärt werden:

4.1   katate ryote dori

ikkyo omote waza

Uke greift *katate ryote dori* (einen Arm von Tori mit zwei Händen greifen – vgl. Seite 276) an. Dieser Angriff ermöglicht es Tori in besonderem Maße, den Gebrauch der Hände und Arme zu erlernen, da Uke mit seinem Greifen für Tori ein großes Hindernis darstellt.

Tori zieht und drückt nicht, sondern macht einen Gleitschritt nach vorne außen. Dabei bringt er seinen eigenen Ellbogen nach vorne und beugt seine beiden Knie stark ab. Der Griff Ukes stellt bei dieser Bewegung die Rotationsachse für den Ellbogen von Tori dar. Uke hält deutlich fest, seine Arme und Schultern bleiben aber entspannt.

Tori dreht nun auf seinem vorderen Fuß *(tenkan)* und bringt dabei seine Hand vor seiner Längsachse nach oben. Uke hält deutlich, aber entspannt, fest und versucht, nicht die Bewegung zu blockieren – nimmt diese aber auch nicht vorweg. So verhält er sich angemessen und ermöglicht Tori die Konstruktionsarbeit.

Tori bewegt jetzt seinen Arm leicht nach vorne unten, dabei dreht er seinen Daumen nach unten. Uke folgt dieser Bewegung mit einem Schritt vorwärts.

Ab jetzt ist die Perspektive um 90° gedreht.

Tori wechselt dann seine Füße auf der Stelle (vgl. Kap. 2.2). Tori und Uke beugen so stark wie möglich ihre Knie. Das hintere Knie hat dabei Spannung nach außen. So erarbeiten sich beide eine stabile Position. Die Oberkörper von Tori und Uke sind aufrecht, ihre Schultern befinden sich auf einer Linie mit den Füßen (sie stehen sich also nicht frontal gegenüber).

Die freie Hand von Tori kontrolliert die Distanz zu Uke *(atemi)*.

Tori greift jetzt den Handrücken von Uke und bringt seine eigene Hand und die Ukes kreisförmig nach oben. Die gegriffene Hand bewegt sich zeitgleich direkt zum Ellbogen von Uke. Dieser entspannt seinen Arm, behält aber seine stabile Position bei.

Tori geht einen Schritt vorwärts und bewegt zugleich seine Arme nach unten – so schließt er die Bewegung und beginnt, Uke zu kontrollieren.

In dieser Schlüsselposition kann Tori zu allen anderen Haltetechniken wechseln (vgl. Kap. 5).

Tori geht jetzt noch einen Schritt nach vorne außen und kontrolliert dabei über seinen Griff am Arm die Schulter von Uke. Diese bringt er auf den Boden.

Um Uke abschließend zu kontrollieren, kniet sich Tori hin. Die Zehen sind aufgestellt, das innere Knie befindet sich an der Achsel, das äußere Knie am Handgelenk von Uke. Der Winkel zwischen Arm und Körper von Uke beträgt etwas mehr als 90°.

irimi nage

Uke und Tori stehen so weit auseinander, dass Uke noch einen Schritt machen muss, um Tori zu erreichen. Während Uke nach vorne geht (um z. B. die Schultern von Tori zu greifen), hebt Tori den Arm in Richtung Gesicht von Uke.

Uke versucht, den Arm von Tori zu greifen, weil dieser ein Hindernis für ihn darstellt. Bevor Uke richtig zufasst, dreht Tori seinen Arm, sodass er in seine eigene Handinnenfläche schaut.

Zeitgleich geht Tori einen Gleitschritt vorwärts und dreht auf seinem vorderen Fuß um 180° rückwärts *(tenkan)*.

Detail der Handbewegung

Dieses Bild zeigt die gleiche Situation um 180° gedreht:

Uke geht einen Schritt vorwärts, um den Arm von Tori nach unten zu bringen und mit beiden Händen zu kontrollieren.

Tori führt diese Bewegung von Uke weiter, ohne zu ziehen, bringt dabei seinen Körper zu seinem Arm und geht einen Schritt hinter Uke, und zwar bevor dieser wieder stabil steht.

Dieses Bild zeigt die gleiche Situation um 180° gedreht:

Uke findet sein Gleichgewicht wieder, indem er mit dem hinteren Fuß wie bei einer Waage ein Gegengewicht schafft und rückwärts dreht.

Tori kontrolliert jetzt den Hals bzw. Nackenbereich von Uke mit seiner freien Hand und beginnt, rückwärts zu drehen. Zeitgleich bewegt sich sein gefasster Arm von oben nach unten und folgt seiner Fußbewegung.

Dies bringt Uke erneut aus dem Gleichgewicht. Uke schließt mit dem hinteren Bein auf und folgt der Bewegung mit dem vorderen Fuß. Die innere Hand geht auf den Boden, der hintere Fuß schafft das Gegengewicht. So löst sich der Griff von Uke.

Tori dreht jetzt seine Hüfte *(tai no henka)* weiter. Uke folgt dieser Bewegung.

Tori bringt mit der einen Hand den Kopf von Uke an seine Schulter. Der andere Arm befindet sich seitlich am Kopf von Uke, der Daumen ist nach unten gedreht.

Tori gleitet nun mit seinem vorderen Fuß nach vorne und schließt mit seinem Arm die Bewegung von oben nach unten. So wird Uke aus dem Gleichgewicht gebracht und geworfen.

Uke geht mit seinem inneren Knie auf die Matte und rollt rückwärts ab.

Die gleiche Situation um 180° gedreht:

4.2 kata dori men uchi

kote gaeshi

Uke greift mit der einen Hand die Jacke von Tori auf Schulterhöhe und schlägt mit der diagonalen Hand von oben nach unten zum Kopf von Tori. Die Fußstellung ist dabei spiegelsymmetrisch (vgl. Kap. 2.1).

Tori hebt seine vordere Hand und kontrolliert den Schlag von Uke, indem er an dessen Unterarm von unten nach oben entlanggleitet. Der Arm von Tori muss dabei genügend Spannung haben, um den Schlag Ukes stoppen zu können.

Zeitgleich gleitet Tori mit seinem vorderen Fuß nach vorne außen und beginnt, rückwärts zu drehen.

Dann bewegt er den vorderen Fuß nach hinten und um 90° nach außen. Uke folgt dieser Bewegung, indem er die Hand von Tori kontrolliert.

Bei dieser Bewegung benutzen Tori und Uke stark ihre Knie, diese haben Spannung nach außen. Die Oberkörper bleiben aufrecht. Uke hat immer noch die Jacke von Tori gefasst. Beide kontrollieren sich gegenseitig an den Händen bzw. Handgelenken.

Tori greift jetzt mit seiner oberen Hand den Daumenballen und das Handgelenk von Uke (vgl. Seite 192). Sein kleiner Finger ist dabei am Puls von Uke.

Detail der Handposition

Tori beginnt nun, um das gefasste Handgelenk rückwärts zu drehen und beugt zeitgleich das Handgelenk von Uke ab. Das Handgelenk bildet dabei die Rotationsachse. Die Bewegung kommt nicht nach oben, sondern bleibt auf Kniehöhe.

Tori legt seine freie Hand zusätzlich auf das Handgelenk von Uke und beschleunigt so die Bewegung. Uke rollt rückwärts ab oder fällt um das gefasste Handgelenk als Drehachse vorwärts.

Tori behält den Griff am Handgelenk von Uke bei. Seine andere Hand gleitet am Unterarm von Uke entlang in dessen Ellbogen.

Der Daumen zeigt dabei zu Tori.

Tori beginnt jetzt, um den Kopf von Uke herumzugehen. Die Achse zwischen Hand und Kopf von Uke bildet die Drehachse für die Bewegung von Tori.

Tori rotiert den Ellbogen von Uke um diese Achse (es wird also nicht gezogen). Diese Bewegung dreht Uke auf seinen Bauch.

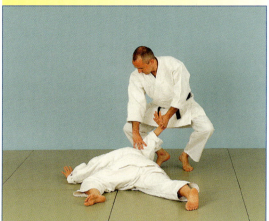

Dieselbe Position um 90° gedreht:

Tori kniet sich so hin, dass die Schulter von Uke zwischen seinen Knien liegt. Er legt den Arm von Uke in seinen eigenen Ellbogen und fasst mit seiner Hand seine gegenüberliegende Schulter. Die andere Hand kann den Arm von Uke einbeugen und an den Oberkörper von Tori ziehen.

Tori dreht seine Hüfte in Richtung Kopf von Uke und erzeugt so einen Hebel an dessen Schulter.

nikkyo ura waza

Uke greift die Jacke von Tori auf Schulterhöhe und schlägt mit der freien Hand gerade von oben nach unten zum Kopf von Tori. Die Fußstellung ist spiegelsymmetrisch.

Tori kontrolliert mit seinem vorderen Arm den Schlag von Uke. Sein Arm muss dabei genug Spannung haben, damit er vom Schlag Ukes nicht getroffen wird. Zeitgleich macht Tori einen Gleitschritt nach vorne außen und dreht um 180° auf seinem vorderen Fuß als Drehachse rückwärts.

Uke folgt der Bewegung von Tori mit einem Schritt vorwärts. Tori bringt seine Füße nach hinten zusammen und bewegt sich um 90° nach außen in Bezug zu seiner Ausgangsposition. Seine freie Hand kontrolliert dabei die Distanz zu Uke.

Die Hand von Tori greift nun den Handrücken von Uke, sodass Daumen auf Daumen liegt. Der kleine Finger ist am Puls von Uke. Tori dreht jetzt weiter um 90° rückwärts, dabei rotiert er den Griff von Uke an seiner Schulter (vgl. Seite 145). Uke korrigiert seine Position in Bezug zu Tori. Die Füße von Uke und Tori stehen schließlich wieder ungefähr auf einer Linie.

Die freie Hand von Tori greift nun das Handgelenk von Uke und beugt den Arm ein. Tori senkt sich dann mit seinen Knien stark ab und erhöht zeitgleich den Druck auf den Ellbogen von Uke. So entsteht ein Hebel an Ellbogen und Handgelenk von Uke. Uke gibt dieser Bewegung nach, indem sein hinteres Knie auf den Boden geht. Sein Arm bleibt dabei entspannt.

Tori greift den Ellbogen von Uke und macht gleichzeitig einen Gleitschritt hinter Uke, um schließlich auf seinem vorderen Fuß um 180° rückwärts zu drehen.

Mit dieser Bewegung bringt er die Schulter von Uke auf die Matte.

Damit er Uke kontrollieren kann, bringt er seine Fersen zusammen und senkt sich ab. Das Bild ist hier um 90° gedreht.

Schließlich kniet sich Tori so hin, dass die Schulter von Uke zwischen den Knien von Tori liegt. Die Zehen bleiben aufgestellt, das Gesäß ist auf den Fersen.

Der Arm von Uke wird in den Ellbogen von Tori gelegt. Die andere Hand zieht den Ellbogen von Uke an den Oberkörper von Tori. Eine Hüftdrehung von Tori erzeugt den Hebel an der Schulter von Uke.

4.3 shomen uchi

irimi nage

Die Distanz zwischen Uke und Tori ist so, dass Uke noch einen Schritt machen muss, um Tori zu erreichen. Zeitgleich hebt er seine diagonale Hand über seinen Kopf und schlägt von oben nach unten zum Kopf von Tori (vgl. Seite 279).

Tori geht im selben Moment einen Schritt nach vorne und hebt seinen vorderen Arm, um den Angriff von Uke zu kontrollieren.

Dafür gleitet er vom Ellbogen am Unterarm von Uke zu dessen Handgelenk, ohne dabei den Schlag abzublocken. Durch die Vorwärtsbewegung von Tori ist jetzt seine eigene Hand über seinem Kopf und Tori befindet sich unter dem Schlag von Uke (*irmi* – Kap. 2.3).

In diesem Moment dreht Tori auf seinem vorderen Fuß als Achse um 180° rückwärts. So löst er die Spannung von *irimi* durch eine *tenkan*-Bewegung auf.

Tori kontrolliert Uke an dessen Schultern und bringt ihn so in die Drehbewegung hinein. Durch das starke Absenken mithilfe seiner Knie bricht Tori das Gleichgewicht von Uke.

Uke folgt kontrolliert dieser Bewegung und stützt sich mit seiner inneren Hand auf dem Boden ab, um dann mit einem weiteren Schritt vorwärts zu gehen (vgl. Kap. 8.6).

In dieser Position steht Tori so tief wie möglich, sein Oberkörper ist gerade, sein Knie haben Spannung nach außen. Tori steht nah an Uke und kann diesen gut kontrollieren.

Tori führt Uke an dessen Hals bzw. Nacken weiter und bringt den Kopf von Uke an seine Schulter. Zeitgleich bewegt Tori seinen freien Arm nach oben.

Er gleitet jetzt mit seinem vorderen Fuß nach vorne und schließt gleichzeitig mit dem Arm die Bewegung, indem er seinen Daumen nach unten dreht und seinen Arm kreisförmig abwärts bewegt.

Uke kniet sich mit seinem inneren Bein hin und kann rückwärts abrollen.

soto kaiten nage

Uke und Tori stehen so weit auseinander, dass Uke einen Schritt machen muss, um Tori zu erreichen. Mit dem Schritt hebt er den diagonalen Arm über seinen Kopf und schlägt von oben nach unten auf den Kopf von Tori.

Im Moment, in dem Uke mit seinem Angriff beginnt, geht auch Tori einen Schritt vorwärts *(irimi)* und hebt seinen diagonalen Arm, um den Schlag von Uke zu kontrollieren. Der Kontakt entsteht dabei auf Höhe des Ellbogens von Uke.

Tori lässt den Schlag von Uke an seinem Arm vorbeigleiten und beginnt, den Arm von Uke gleichzeitig mit seiner freien Hand am Ellbogen von Uke zu kontrollieren.

Tori senkt sich stark mit den Knien ab. Sein Oberkörper bleibt dabei gerade und sein hinteres Knie hat Spannung nach außen. Tori kontrolliert nun den Ellbogen von Uke, seine andere Hand bewegt sich zum Genick von Uke und bringt ihn so dazu, in der Bewegung nach unten zu gehen *(atemi)*. Uke senkt sich ebenfalls stark ab.

Die Hand von Tori am Ellbogen von Uke gleitet jetzt zu dessen Handgelenk. Tori beginnt, auf seinem vorderen Fuß rückwärts zu drehen.

Die andere Hand kontrolliert weiterhin den Kopf von Uke – dieser macht jetzt einen Schritt vorwärts, um der Bewegung von Tori nachzugeben. Tori bringt den Arm von Uke kreisförmig nach oben und erzeugt so einen Hebel an dessen Schulter. Gleichzeitig öffnet er damit die Position von Uke, sodass er ihn mit seinen Knien am Kopf treffen könnte.

Durch einen Gleitschritt vorwärts bringt Tori über den Hebel Uke in eine Vorwärtsbewegung – Uke rollt vorwärts ab.

4.4   yokomen uchi

ikkyo omote waza

Tori und Uke stehen so weit auseinander, dass Uke einen Schritt
machen muss, um Tori zu erreichen.

Mit dem Schritt hebt er seine hintere Hand über seinen Kopf und
schlägt diagonal von oben nach
unten zur Kopfseite von Tori (*yokomen uchi* – vgl. Seite 280). Die Fußstellung ist dabei spiegelsymmetrisch *(gyaku-hanmi)*.

Tori geht in dem Moment einen
Schritt vorwärts, in dem Uke mit seinem Angriff beginnt. Zeitgleich hebt
er seinen vorderen Arm auf Kopfhöhe.
Dieser muss genug Spannung haben,
um den Schlag von Uke kontrollieren
zu können. Die hintere Hand von Tori
geht ebenfalls über seinen Kopf und
kontrolliert mit dem Schritt vorwärts
die Längsachse von Uke.

Tori beginnt, auf seinem vorderen Fuß rückwärts zu drehen *(tenkan)*. Durch diese Drehung wird der Schlag von Uke aufgenommen und es kommt im Idealfall nicht zu einem harten Auftreffen.

Uke korrigiert mit einem Gleitschritt die Distanz zu Tori und positioniert sich wieder so, dass er Tori gegenübersteht.

Mit der Drehung bewegen sich die Hände von Tori nach unten. Die Hand am Kopf von Uke geht dabei an den Körper von Tori unter die Hand von Uke und von da aus wieder kreisförmig nach oben zum Kopf von Uke.

Detail der Handpositionen

Uke kontrolliert diese Bewegung, damit er nicht am Kopf getroffen wird. Die andere Hand von Tori greift den Ellbogen von Uke.

Tori macht jetzt einen Schritt vorwärts und schließt dabei die Bewegung, indem er seine Hände nach unten bringt.

Die äußere Hand von Tori beginnt dabei, oberhalb der Handinnenfläche zu greifen. Die andere Hand fasst den Ellbogen von Uke.

Wichtig ist hier, das Gefühl zu entwickeln, die Bewegung zu schließen oder nach unten zu schneiden (nicht Uke wegzuschieben).

In dieser Position kontrolliert er die Schulter von Uke. Tori geht jetzt weiter nach vorne außen, um Uke auf den Boden zu bringen.

Dabei kontrolliert er deutlich die Schulter von Uke.

Uke bleibt entspannt und gibt der Bewegung von Tori nach.

Damit Tori Uke fixieren kann, kniet er sich so hin, dass das innere Knie an der Achsel von Uke ist – das äußere Knie befindet sich am Handgelenk von Uke. Die Zehen von Tori sind aufgestellt, sein Gesäß ruht auf den Fersen.

shiho nage ura waza

Tori und Uke stehen so weit auseinander, dass Uke einen Schritt
machen muss, um Tori zu erreichen.

Mit dem Schritt hebt er seine hintere
Hand über seinen Kopf und schlägt
diagonal von oben nach unten zur
Kopfseite von Tori. Die Fußstellung
ist dabei spiegelsymmetrisch *(gyaku-
hanmi)*.

In dem Moment, in dem Uke mit seinem Angriff beginnt, geht Tori einen
Gleitschritt nach vorne außen.

Die äußere Hand stoppt den Schlag
von Uke, die andere Hand kontrolliert seine Längsachse.

Wichtig für Tori ist hier, eine ausgeglichene Position zu finden, in der beide Arme gleich stark arbeiten. Die Ellbogen bleiben unten und die Arme haben genug Spannung, um den Schlag von Uke anhalten zu können.

Tori bringt nun seine Arme nach unten vor seine Längsachse. Zugleich geht er einen leichten Gleitschritt zurück, um sich Platz zu verschaffen.

Tori dreht auf seinem vorderen Fuß um 180° rückwärts – die Hände bleiben dabei vor seiner Längsachse.

Uke und Tori stehen nun Schulter an Schulter. Tori hat mit seiner äußeren Hand das Handgelenk von Uke gefasst.

Tori geht nun wieder einen Gleit-schritt vorwärts, hebt am Ende dieser Bewegung etwas seine Arme und dreht unter dem Arm von Uke seine Hüfte um 180°.

Bei dieser Bewegung ist entschei-dend, dass Tori nicht am Arm von Uke zieht oder hebelt. Tori bewegt sich selbst unter dem gefassten Punkt am Handgelenk von Uke hindurch.

Durch die Bewegung von Tori ent-steht nun ein Hebel an Schulter und Handgelenk von Uke.

Tori kann Uke nun werfen, indem er seine Hände zu seinem vorderen Fuß bringt und damit die Bewegung schließt.

Uke kniet sich mit seinem inneren Bein hin und rollt rückwärts ab.

Schließt Tori die Bewegung so schnell, dass Uke nicht rückwärts abrollen kann, fällt er um sein gegriffenes Handgelenk als Drehachse vorwärts (vgl. Kap. 8.4).

4.5 Anwendungen

Der Sinn und Zweck der hier an einigen Beispielen skizzierten Arbeit an der Konstruktion – im Rahmen der Basistechniken des Aikido – wurde zu Beginn des Kapitels erläutert. Ein Ergebnis der Arbeit ist nun die Möglichkeit, das Gelernte anzuwenden. Mit dem Terminus **Anwendungen** sind Aikido-Techniken gemeint, die realitätsbezogen direkt sind und alle Aikido-Prinzipien berücksichtigen. Es geht also nicht um eine Ansammlung von verschiedenen Tricks, sondern um das Anwenden der Qualitäten, die der *Aikido-ka* durch das Üben der Basistechniken erlernt und erarbeitet hat.

Nachfolgend werden einige Bewegungsbeispiele aus dem Bereich der Anwendungen gezeigt:

jodan tsuki irimi nage

Uke greift Tori mit *jodan tsuki* (vgl. Seite 281) an.

Tori geht je nach Fußposition entweder einen Gleitschritt oder einen ganzen Schritt vorwärts. Die spiegelsymmetrische Hand kontrolliert dabei den Schlag von Uke.

In dem Moment, in dem Uke glaubt, Tori zu treffen, gleitet dieser am Schlag vorbei. Die innere Hand von Tori bewegt sich direkt zum Gesicht von Uke.

Tori geht dann noch einen Schritt vorwärts, um Uke aus seinem Gleichgewicht zu bringen.

jodan tsuki hiji kime osae

Uke greift Tori mit *jodan tsuki* an. Je nach Fußposition geht Tori einen ganzen Schritt oder einen Gleitschritt vorwärts.

Im Moment, in dem Uke glaubt, Tori zu erreichen, gleitet dieser am Schlag von Uke vorbei.

Die äußere Hand von Tori kontrolliert dabei den Schlag von Uke. Zeitgleich hebt Tori seine innere Hand an der Innenseite des Schlags nach oben.

In der nun folgenden Abwärtsbewegung hätte Tori die Möglichkeit, Uke am Kopf zu treffen. Stattdessen bewegt Tori seine Hand über seine äußere Hand und über den Ellbogen von Uke.

Beide Hände bewegen sich dann um 90° gegen den Ellbogen von Uke und führen diesen nach unten. Zeitgleich dreht Tori seine Hüfte um 90° nach außen und verändert dementsprechend seine Fußstellung (vgl. Kap. 2.7).

Uke wird über den Hebel am Ellbogen von Tori am Boden fixiert.

mae geri irimi nage

Uke greift Tori mit *mae geri* (vgl. Seite 283) an. Je nach Fußposition geht Tori einen ganzen Schritt oder einen Gleitschritt vorwärts am Tritt von Uke vorbei.

Die Hände von Tori können dabei das Bein von Uke kontrollieren.

Tori gleitet am Tritt von Uke im Moment der höchsten Spannung vorbei, also wenn Uke davon ausgeht, Tori zu treffen.

Die äußere Hand bringt sofort den Kopf von Uke an die innere Schulter von Tori. Je nach Stabilität von Uke kann Tori dazu auch die Haare von Uke greifen.

Uke wird so in ein Ungleichgewicht gebracht. Die innere Hand von Tori bewegt sich zeitgleich nach oben und schließt seitlich am Kopf von Uke mit einer Abwärtsbewegung die Technik.

Durch diesen Wurf entsteht ein Hebel am Genick von Uke.

yokomen uchi ikkyo

Uke schlägt einen Haken, Cross zum Kopf von Tori.

Tori geht einen Gleitschritt vorwärts und senkt sich zeitgleich ab – dabei bleibt der Oberkörper aufrecht.

Die spiegelsymmetrische Hand beginnt, den Schlag von Uke zu kontrollieren, ohne ihn anzuhalten.

Die innere Hand kontrolliert die Längsachse von Uke in einer Bewegung von unten nach oben und kreuzt dann über die andere Hand von Tori.

Zeitgleich beginnt Tori, auf seinem vorderen Fuß rückwärts zu drehen. Tori steht durch den Angriff von Uke und auf Grund seiner eigenen Ausweichbewegung jetzt fast hinter Uke.

Er fasst dann den Arm von Uke und dreht weiter rückwärts. Zeitgleich bringt er die Schulter von Uke auf den Boden.

muna dori ikkyo omote waza

Uke möchte das Revers von Tori greifen.

Tori beginnt, das Greifen mit seiner diagonalen Hand zu kontrollieren. Zeitgleich macht er einen Schritt oder Gleitschritt nach vorne außen, auf die Seite, mit der Uke greifen möchte.

Seine äußere Hand kontrolliert die Schulter von Uke. Zeitgleich dreht Tori seine Hüfte um 90° – sein zu Anfang hinterer Fuß korrigiert sich entsprechend und kommt jetzt nach vorne (vgl. Kap. 2.7).

Die Hand an der Schulter bringt Uke im 90°-Winkel aus dem Gleichgewicht.

Tori kann jetzt mit beiden Händen den Arm von Uke fassen und so dessen Schulter zu Boden bringen, um ihn zu kontrollieren.

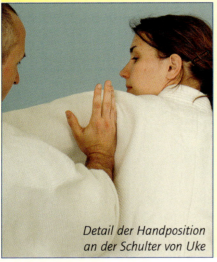

Detail der Handposition an der Schulter von Uke

Tori agiert in dieser Bewegung also kurz bevor Uke das Revers von Tori greifen kann, lässt ihm dazu aber so lange wie möglich die Gelegenheit.

Bei den Anwendungen vermeidet Tori also in der Regel, dass Uke vollständig zugreifen kann (Handgelenk, Schulter, Revers).

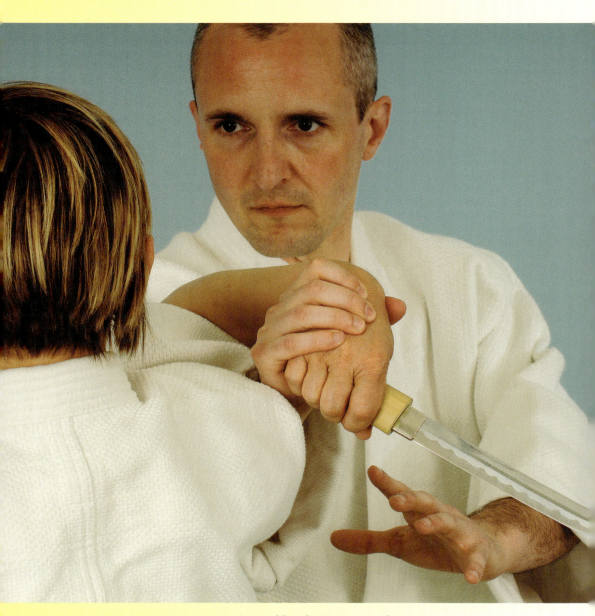

**„Ich weiß viel zu wenig,
als dass ich inkompetent sein könnte."**

Woody Allen

5 Details der Aikido-Techniken

- Warum sind Details wichtig?
- Warum sind Details nur Mittel zum Zweck?
- Welche Basistechniken gibt es?

Alle Aikido-Basistechniken *(kihon waza)* bestehen aus genau festgelegten Hand- und Fußbewegungen. Natürlich ergibt erst der gesamte Bewegungsablauf eine vollständige Technik, aber es ist auch interessant, sich bewusst zu machen, dass Techniken sich aus Abfolgen von spezifischen Detailbewegungen zusammensetzen.

Die in diesem Kapitel erläuterten Details sind im Ablauf besonders wichtig und sollen helfen, die jeweilige Technik besser zu verstehen. Gleichzeitig stellen sie einen charakteristischen Moment dieser Techniken dar.

Grundsätzlich zählt im Ablauf einer Technik immer die gesamte Bewegung – Detailwissen soll den Fluss vereinfachen und nicht bremsen. Wird der Bewegungsablauf durch die Details aufgehalten, ist vielleicht noch nicht der richtige Zeitpunkt gekommen, diesen besondere Aufmerksamkeit zu schenken. Der *Aikido-ka* hat gegebenenfalls die „Zone der nächsten Entwicklung", in der er ein neues Detail erfolgreich beachten und bearbeiten kann, noch nicht erreicht (nach Lew Wygotski – vgl. Seite 239).

Bevor die einzelnen Techniken dargestellt werden, noch einige grundsätzliche Bemerkungen vorweg:

- Unterschieden werden Halte- und Wurftechniken *(katame waza* und *nage waza)*. Beide können auch kombiniert werden *(nage-katame waza)*. Zunächst werden in diesem Kapitel die Haltetechniken (5.1-5.7), dann die Wurftechniken gezeigt (5.8-5.19).

- Viele Wurf- und Haltetechniken können sowohl vor als auch hinter Uke ausgeführt werden *(omote waza* und *ura waza)*. Statt von *omote* und *ura* spricht man manchmal auch von positiver und negativer Technik. Dies bezieht sich dann natürlich nur auf die Bewegungsrichtung.

- Uke und Tori können bei der Ausführung der Techniken stehen *(tachi waza)*, Tori kann knien und Uke stehen *(hanmi handachi waza)* oder beide knien *(suwari waza)*. Das Aufzeigen der technischen Details wurde hier auf *tachi waza* beschränkt. Zum Teil verändern sich die Techniken, wenn man sie in *suwari waza* oder *hanmi handachi waza* ausführt. Die Darstellung der jeweiligen Abweichungen hätte den Rahmen dieses Buches jedoch gesprengt.

Im Anschluss an die einzelnen Basis-Haltetechniken werden einige fortgeschrittene Variationen gezeigt. Diese setzen voraus, dass der *Aikido-ka* die Basistechniken längere Zeit geübt hat und sicher beherrscht. Insbesondere muss Tori nicht nur in der Lage sein, seine Füße flexibel zu bewegen. Vielmehr muss er auch so viel Sicherheit in seinen Hand- und Armbewegungen gewonnen haben, dass er diese für die gezeigten Varianten angemessen einsetzen kann. Es handelt sich also um Variationen aus der dritten Lernphase im Aikido (vgl. Kap. 7.1).

5.1 ikkyo

omote waza

Der Name der ersten und wichtigsten Haltetechnik im Aikido kommt von *ichi* (= eins) und *kyo* (= Lehre). *Ikkyo* bezeichnet also die erste Lehre im Aikido. Ziel dieser Haltetechnik ist es, durch das Greifen des Ellbogens und des Handgelenks oberhalb der Handinnenfläche von Uke, dessen Längsachse und damit ihn selbst vollständig zu kontrollieren, um ihn schließlich fixieren zu können.

Für *ikkyo omote* muss die Distanz zwischen Tori und Uke so beschaffen sein, dass Tori entweder den Ellbogen von Uke greifen oder (alternativ) zu dessen Gesicht schlagen kann.

Durch diese Entscheidungsfreiheit wird die Bewegung von Tori einerseits glaubwürdig. Andererseits ist die Distanz für das weitere Agieren von Tori stimmig – das heißt, er kann mit einer schneidenden Bewegung nach unten und einem Schritt vorwärts die Position schließen, ohne zu drücken.

Tori kontrolliert Uke über seinen Griff am Ellbogen und Handgelenk mit der Idee, die Schulter von Uke zu fixieren und so seine Längsachse zu beherrschen. Dabei hat er selbst eine stabile und tiefe Position, sein Oberkörper bleibt aufrecht.

Für die Kontrolle am Boden befindet sich sein inneres Knie an der Achsel von Uke, das äußere Knie an dessen Handgelenk. Der Winkel zwischen Körper und Arm von Uke beträgt etwas mehr als 90°. Die Zehen von Tori sind aufgestellt, sein Gesäß ruht auf den Fersen. Sein Oberkörper ist aufrecht.

Tori greift das Handgelenk von Uke oberhalb der Handinnenfläche, seine Finger legen sich dabei wie eine Manschette um das Handgelenk. Diese Manschette zieht Tori nun nach außen gegen die Hand bzw. den Daumenballen von Uke. Dann verstärkt er diesen Zug leicht nach außen, indem er mit seinem äußeren Knie seine eigene Hand weiter nach außen schiebt.

Das Bild für *ikkyo* ist eine Bewegung, bei der Tori ein Messer *(tanto)* hat: Uke kontrolliert das *tanto*, indem er sich absenkt und den Unterarm von Tori kontrolliert. Er kann so nicht von Tori erreicht werden – gleichzeitig kann ihn Tori aber beherrschen.

ura waza

Tori steht so in Bezug zu Uke, dass er einfach dessen Ellbogen greifen kann. Die Hand, die den Ellbogen greift, befindet sich über dem vorderen Fuß von Tori.

Detail des Griffs von Tori am Ellbogen

Tori greift direkt von unten, und zwar derart, dass der erste Kontakt mit dem kleinen Finger, der Handkante und dem Daumen entsteht. Dann kann Tori sich auf seinem vorderen Fuß um 180° rückwärts drehen. Die Rotationsachse der Bewegung befindet sich auf Höhe des Ellbogens von Uke.

Tori steht im Rücken von Uke und greift dessen Ellbogen sowie oberhalb der Handinnenfläche von Uke. Über diesen Griff erzeugt Tori eine Rotation an der Schulter von Uke, sodass er dessen Längsachse kontrollieren kann.

Tori schließt die Bewegung, indem er die Schulter von Uke auf den Boden bringt. Seine äußere Hand bewegt sich dabei direkt an seiner Hüfte vorbei nach unten.

Tori kontrolliert Uke am Boden – sein inneres Knie befindet sich an der Achsel von Uke, das äußere Knie am Handgelenk. Der Winkel zwischen Körper und Arm von Uke beträgt etwas mehr als 90°. Die Zehen von Tori sind aufgestellt, sein Gesäß ruht auf den Fersen (vgl. Kap. 2.9).

Bei einigen Angriffen (z. B. *gyakuhanmi katate dori* oder *kata dori* – vgl. Seite 275) hat Tori für *ikkyo omote* und *ura* den Handrücken von Uke gefasst. Dabei ist der kleine Finger fest am Puls und die Handinnenfläche von Tori liegt fest auf dem Handrücken von Uke auf. Das Handgelenk von Uke ist um 90° abgebeugt.

5.2   nikkyo

omote waza

Für die zweite Haltetechnik (*ni* = zwei) wird ein Hebel am Handgelenk zu Hilfe genommen, um Uke zu kontrollieren.

Für den Wechsel von *ikkyo* zu *nikkyo* dreht Tori zunächst seinen Daumen nach unten. Die andere Hand bewegt dann den Ellbogen von Uke nach vorne und nach unten. So rotiert der Daumen von Tori um das Handgelenk von Uke und Tori kann seinen Griff wechseln, ohne den Kontakt zu Uke zu verlieren.

Detail der Handposition vor dem Wechsel

Tori greift dafür den Handrücken von Uke, sodass sein kleiner Finger fest am Puls von Uke liegt. Die andere Hand greift wie bei *ikkyo* den Ellbogen von Uke. Über den Griff an Handrücken bzw. Handgelenk von Uke erzeugt Tori eine Rotation an der Schulter von Uke, um diese zu kontrollieren.

Tori bringt die Schulter von Uke wie bei *ikkyo omote* auf den Boden, um ihn zu fixieren. Uke entspannt sich und akzeptiert die Bewegung.

Der Arm von Uke liegt im Ellbogen von Tori. Die untere Hand zieht den Ellbogen an den Oberkörper von Tori. Die Zehen sind aufgestellt, das Gesäß ruht auf den Fersen. Durch eine Hüftdrehung in Richtung Kopf von Uke erzeugt Tori einen Hebel an der Schulter von Uke.

Ikkyo omote und *nikkyo omote* unterscheiden sich also durch den Abschluss und dadurch, dass Tori ein zusätzlicher Hebel am Handgelenk von Uke zur Verfügung steht.

Variation:
Eine fortgeschrittene Variante für *nikkyo omote*: Tori lässt zu, dass Uke sich wieder aufrichtet und bringt dabei das gefasste Handgelenk an seine vordere Schulter.

Zeitgleich gleitet die freie Hand an Ellbogen und Schulter vorbei zum Schulterblatt von Uke. Durch die Bewegung des Oberkörpers von Tori nach vorne und unten erzeugt er einen Hebel am Handgelenk von Uke und kontrolliert ihn so erneut. Im Gegensatz zu *nikkyo ura* zeigt der Ellbogen von Uke dabei nach oben, da es sich um eine *omote*-Bewegung handelt.

Diese Variation erfordert eine permanente Bewegung von Tori, damit Uke sich nicht stabil positionieren kann. In der Regel bewegt sich Tori daher auf einer Linie zu Uke hin, das heißt, er verlässt die Linie nicht wie in der Basisbewegung.

ura waza

Bei *nikkyo ura* benutzt Tori systematisch einen Hebel an Ellbogen und Handgelenk von Uke, um ihn darüber zu kontrollieren und auf den Boden zu bringen. Dafür kann es drei Gründe geben:

- Tori ist nach seiner Rückwärtsdrehung für *ikkyo ura* nicht in der Lage, Uke auf den Boden zu bringen, weil dieser zu stark ist.
- Tori ist schon vor der Drehung für *ikkyo ura* zu weit von Uke entfernt, um sich günstig positionieren zu können.
- Tori entscheidet sich von vornherein, einen Hebel zu Hilfe zu nehmen.

Tori greift den Handrücken von Uke so, dass sein kleiner Finger fest am Puls von Uke liegt. Die Handinnenfläche von Tori liegt fest auf dem Handrücken von Uke. Damit Tori einen fixen Punkt für seinen Griff hat, bringt er diesen zusätzlich an seine vordere Schulter.

Die freie Hand von Tori greift den Unterarm von Uke so, dass sein eigener Ellbogen auf dem von Uke liegt. Der Arm von Uke ist an Ellbogen und Handgelenk jeweils um ca. 90° gebeugt.

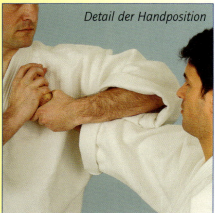

Detail der Handposition

Tori verstärkt nun den Druck auf den Ellbogen von Uke und erzeugt damit die Hebelwirkung. Um seine Bewegung effektiv zu nutzen, senkt er sich selbst deutlich ab, sein hinteres Knie hat dabei Spannung nach außen.

Uke gibt der Bewegung nach, indem er sein hinteres Knie auf den Boden bringt. Wird die Bewegung für ihn zu unangenehm, schlägt er mit der freien Hand auf den Boden – dies ist für Tori das Zeichen, mit der Bewegung nachzulassen.

Tori greift dann den Ellbogen von Uke und kontrolliert diesen weiter deutlich am Handgelenk, damit er nicht sofort wieder aufstehen kann. Zeitgleich geht Tori einen Gleitschritt mit seinem vorderen Fuß hinter Uke.

Tori dreht jetzt auf seinem vorderen Fuß um 180° rückwärts und legt Uke mit dieser Bewegung auf den Boden.

Tori kniet sich dann so hin, dass die Schulter von Uke zwischen seinen Knien liegt. Der Arm von Uke liegt in der Ellenbeuge von Tori, die untere Hand zieht den Ellbogen an den Oberkörper von Tori. Mit einer Hüftdrehung in Richtung Kopf von Uke erzeugt Tori einen Hebel an der Schulter von Uke.

ai-hanmi katate dori nikkyo ura waza

Greift Uke *ai-hanmi katate dori* an, kann Tori den Hebel am Handgelenk von Uke direkt erzeugen – es handelt sich hier also um eine Sonderform dieser Technik. Dazu öffnet er die Bewegung kreisförmig nach oben in Richtung Finger von Uke.

Gleichzeitig fixiert er das Greifen von Uke, indem er seine freie Hand auf die Finger von Uke legt.

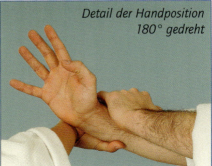

Detail der Handposition 180° gedreht

Zeitgleich mit der Handbewegung verlässt Tori die Linie, auf der Uke angreift, indem er mit dem hinteren Fuß um ca. 45° nach außen dreht.

Die Hand von Tori, die Uke greift, ist nun über dem Handgelenk von Uke. Der Arm von Uke ist an Handgelenk und Ellbogen um 90° abgebeugt.

Tori bringt seine Hände vor seiner Längsachse nach unten und erzeugt damit einen Hebel am Handgelenk von Uke. Dieser gibt der Bewegung nach, indem er sein hinteres Knie auf den Boden bringt.

Tori greift den Ellbogen von Uke und macht einen Schritt, um dann auf seinem vorderen Fuß rückwärts zu drehen. Mit dieser Drehung bringt er die Schulter von Uke auf den Boden. Das innere Knie von Tori geht an der Achsel von Uke auf den Boden.

Das äußere Bein von Tori ist aufgestellt. Tori kann seine Hand aus dem
Griff ziehen, während er weiter den
Ellbogen von Uke kontrolliert. Dann
fasst er den Handrücken von Uke,
sodass sein kleiner Finger fest am
Puls von Uke ist.

Es folgt das gleiche Ende wie bei *nikkyo omote* oder *ura:*

Tori kniet sich so hin, dass die Schulter von Uke zwischen seinen Knien
liegt. Der Arm von Uke liegt in der
Ellenbeuge von Tori, die untere Hand
zieht den Ellbogen an den Oberkörper von Tori. Mit einer Hüftdrehung
in Richtung Kopf von Uke erzeugt
Tori einen Hebel an dessen Schulter.

Diese Form von *nikkyo ura* kann z. B.
auch zum Einsatz gebracht werden,
wenn Uke beim Angriff *ushiro ryote
dori* (vgl. Seite 285) in der Anfangs-
phase seines Angriffs zu früh greift.

Nikkyo und alle nachfolgenden Haltetechniken kommen – wie oben beschrieben – dann zum Einsatz, wenn Uke durch *ikkyo* nicht ausreichend kontrolliert werden kann. Deshalb entscheidet sich Tori dafür, einen zusätzlichen Hebel für die Kontrolle von Uke einzusetzen.

War das Bild von *ikkyo* dergestalt, dass Tori Uke kontrolliert, indem er die Klinge eines Messers auf ihn richtet, ändert sich folglich dieses Bild für *nikkyo*: Tori kann das Messer nicht direkt auf Uke ausrichten. Er wechselt daher, indem er die Klinge um das Handgelenk von Uke dreht, und kontrolliert dann das Handgelenk.

5.3   sankyo

omote waza

Tori kontrolliert Uke bereits durch *ikkyo omote*.

Er lässt den Ellbogen von Uke los – dieser hat die Tendenz, sich wieder aufzurichten – und bringt stattdessen seinen Oberarm bzw. seine Schulter nach vorne zur Schulter von Uke.

Gleichzeitig senkt er sich stark ab, die Knie haben dabei Spannung nach außen. Tori verhindert durch diese Bewegung kurzzeitig, dass Uke sich aufrichten kann. Der Arm von Uke befindet sich am (Ober-)Körper von Tori. Tori hat nun die Möglichkeit, die Handkante von Uke mit der inneren Hand zu fassen. Die andere Hand greift die Finger von Tori.

Nach diesem Wechsel geht Tori einen Gleitschritt zurück, Uke kann sich jetzt wieder aufrichten.

Über seinen Griff an der Handkante von Uke erzeugt Tori sofort eine Drehspannung am Arm von Uke zurück und aufwärts – so kontrolliert er dessen Ellbogen. Zeitgleich geht Tori einen Schritt nach hinten. Die untere Hand von Tori erhöht jetzt mit dem Schritt rückwärts die Drehspannung am Arm von Uke. Der Griff von Tori an der Handkante kontrolliert dabei den Arm von Uke als Drehachse. Uke wird so rückwärts in Bewegung gesetzt und kann sich nicht stabilisieren.

Tori bringt dann mit dem Griff an der Handkante den Ellbogen von Uke nach unten und kontrolliert mit der freien Hand die Distanz zu Uke (atemi). Zeitgleich beginnt er, auf seinem vorderen Fuß rückwärts zu drehen.

Der Oberkörper von Uke wird so nach unten gebracht. Tori kontrolliert weiter über die Drehspannung an der Handkante den Arm von Uke, die freie Hand bewegt sich zum Ellbogen von Uke. Tori geht jetzt weiter rückwärts, fixiert dabei die Schulter von Uke über die Kontrolle an dessen Arm und bringt die Schulter schließlich auf den Boden.

Tori kniet sich so hin, dass die Schulter von Uke zwischen seinen Knien liegt.

Tori wechselt jetzt noch einmal den Griff und fasst mit der freien Hand die Handkante von Uke, um die Drehspannung beibehalten zu können. Die andere Hand zieht den Ellbogen von Uke an den Bauch von Tori. Mit einer Hüftdrehung in Richtung Kopf von Uke erzeugt Tori einen Hebel an der Schulter von Uke.

Wird die Bewegung zu unangenehm, schlägt Uke mit der freien Hand auf den Boden.

shiho nage

153

Variation:
Eine fortgeschrittene Variante von *sankyo omote* sieht wie folgt aus: Tori bringt Uke durch eine direkte Bewegung mit *ikkyo* nach vorne und nach unten aus dem Gleichgewicht. Wie bei der *nikkyo*-Variation verlässt Tori dazu nicht mehr die Angriffslinie von Uke.

Bevor Uke sich wieder stabilisieren kann, gleitet die Hand von Tori zu den Fingern von Uke und fasst diese wie bei *sankyo ura* (vgl. Seite 157) – also so, dass Uke den Daumen von Tori greifen könnte.

Tori erzeugt jetzt sofort über den Griff eine Drehspannung am Ellbogen von Uke zurück und nach oben. Uke positioniert sich entsprechend, um dem Schmerz auszuweichen.

Tori fasst jetzt mit der anderen Hand wieder die Handkante von Uke, ohne dass die Kontrolle über den Ellbogen von Uke verloren geht. Es folgt das gleiche Ende wie bei *sankyo omote*.

Wichtig bei dieser Variation ist, wie überhaupt bei *sankyo*, dass Tori den Ellbogen von Uke permanent kontrolliert. Dieser darf keine Gelegenheit bekommen, seinen Ellbogen zurück und nach unten zu ziehen.

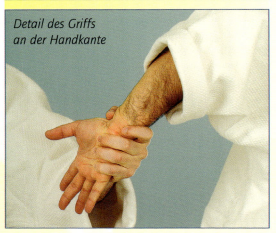

Detail des Griffs an der Handkante

ura waza

Die Darstellung beginnt hier ab einer Position, wie sie sich z. B. aus *shomen uchi* (vgl. Seite 279) ergibt. Tori macht einen Schritt vorwärts, dreht sich dann um 90° rückwärts und verlängert die Bewegung von Uke nach unten. Uke korrigiert seine Position in Bezug zu Tori. Beide haben die Knie stark abgebeugt mit Spannung nach außen, die Oberkörper bleiben möglichst aufrecht.

Tori kontrolliert den Ellbogen von Uke und greift mit der anderen Hand die Finger so, dass sein eigener Daumen von Uke gefasst werden könnte.

Tori bewegt jetzt über seinen Griff an der Hand von Uke den Ellbogen von Uke nach oben und erzeugt dabei eine Drehspannung an dessen Arm.

Zeitgleich mit dieser Aufwärtsbewegung gleitet die Hand von Tori vom Ellbogen nach unten zur Handkante von Uke. Tori fasst die Handkante von Uke, der Ellbogen von Uke wird dabei permanent über die Drehspannung kontrolliert, sodass er keine Gelegenheit bekommt, seinen Ellbogen nach unten zu ziehen.

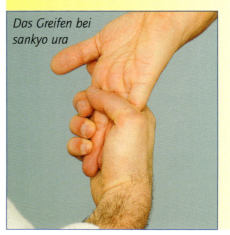

Das Greifen bei sankyo ura

Nach diesem Handwechsel dreht Tori weiter rückwärts *(tenkan)*, danach geht er einen Schritt zurück in den Rücken von Uke. Mit diesem Schritt rückwärts bringt er den Ellbogen von Uke nach unten. Die freie Hand von Tori beginnt schließlich, zusätzlich den Ellbogen von Uke zu kontrollieren.

(Der Bewegungsablauf ist hier um 180° gedreht).

Tori dreht weiter rückwärts und erhöht dabei kontinuierlich den Druck auf den Ellbogen von Uke sowie die Drehspannung am Handgelenk von Uke. Dieser wird so zu Boden gebracht.

Tori kniet sich so hin, dass die Schulter von Uke zwischen seinen Knien liegt. Tori wechselt jetzt noch einmal den Griff und fasst mit der freien Hand die Handkante von Uke, um die Drehspannung beibehalten zu können. Die andere Hand zieht den Ellbogen von Uke an den Bauch von Tori. Mit einer Hüftdrehung in Richtung Kopf von Uke erzeugt Tori einen Hebel an dessen Schulter.

5.4   yonkyo

omote waza

Tori kontrolliert Uke wie bei *ikkyo omote* (vgl. Seite 138). Er führt den Arm von Uke kreisförmig nach unten, indem er sich stark absenkt. Dann fasst er das Handgelenk von Uke und bringt dessen Ellbogen mit der Kreisbewegung nach oben und nach vorne.

Während dieser Aufwärtsbewegung gleitet die obere Hand von Tori vom Ellbogen Ukes nach unten direkt über seine andere Hand.

Tori greift jetzt also mit beiden Händen das Handgelenk und den Unterarm von Uke und kontrolliert über diesen Griff den Ellbogen von Uke. Tori greift dabei diagonal, so, wie man ein Schwert festhält.

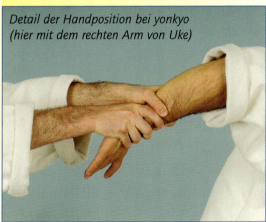

Detail der Handposition bei yonkyo (hier mit dem rechten Arm von Uke)

Tori kontrolliert über seinen Griff den Ellbogen von Uke und so dessen Längsachse.

Das Greifen des bokken

Die linke Hand fasst hinten, die rechte vorne. Zwischen beide Hände passt ungefähr eine weitere Hand.

Tori bringt jetzt den Ellbogen von Uke nach vorne und nach unten. Dafür setzt er seinen Griff so ein, dass er mit der Basis des Zeigefingers seiner oberen Hand auf den Unterarm von Uke drückt. Für diesen entsteht ein unangenehmer Schmerz. Tori geht weiter nach vorne, bis Uke auf dem Boden liegt.

Der vordere Fuß von Tori bewegt sich unter die Schulter von Uke, dann bringt er den Ellbogen von Uke weiter nach vorne und nach unten, um ihn am Boden zu fixieren.

ura waza

Wie bei *sankyo ura* beginnt die Darstellung hier ab einer Position, wie sie sich z. B. aus *shomen uchi* (vgl. Seite 279) ergibt. Tori geht einen Schritt vorwärts und dreht sich auf seinem vorderen Fuß um 90° rückwärts. Dabei verlängert er die Bewegung von Uke nach unten, seine Knie beugt er stark ab.

Uke folgt der Bewegung und positioniert sich in Relation zu Tori – die Füße von Uke und Tori stehen jetzt auf einer Linie.

Tori fasst mit seiner äußeren Hand das Handgelenk von Uke und kontrolliert mit der anderen Hand dessen Ellbogen.

Dann bringt er über seinen Griff am Handgelenk von Uke dessen Ellbogen nach oben und erzeugt dabei wie bei *sankyo ura* eine Drehspannung, um den Ellbogen von Uke besser kontrollieren zu können.

Während dieser Aufwärtsbewegung gleitet die Hand von Tori den Unterarm von Uke entlang und greift direkt oberhalb der anderen Hand von Tori – wie bei *yonkyo omote* leicht in der Diagonalen.

Tori dreht auf seinem vorderen Fuß weiter rückwärts *(tenkan)*, bis er im Rücken von Uke steht.

Dann bewegt er über seinen Griff am Unterarm und Handgelenk den Ellbogen von Uke kreisförmig nach unten und dreht sich dabei weiter. So bringt er Uke auf den Boden.

Der vordere Fuß von Tori bewegt sich unter die Schulter von Uke, dann bringt er den Ellbogen von Uke weiter nach vorne und nach unten, um Uke am Boden zu fixieren.

Variation:
Eine fortgeschrittene Variante von *yonkyo*: Nachdem Tori zu *yonkyo* gewechselt hat und den Ellbogen von Uke kontrolliert, kann er Uke mit einer direkten Bewegung am Arm aus dem Gleichgewicht bringen und seine Längsachse kontrollieren.

Wichtig dabei ist, dass Tori nicht am Arm von Uke zieht, sondern mit der Idee arbeitet, durch die Abwärtsbewegung seines ganzen Körpers Uke über die Kontrolle am Arm in ein Ungleichgewicht zu bringen. Tori senkt sich also deutlich mit den Knien ab.

5.5   gokyo

Bei *gokyo* – der *ikkyo*-Bewegung gegen einen Angriff mit dem Messer *(tanto)* – wird traditionell nur *ura* geübt. Bei einer *omote*-Bewegung besteht die Gefahr, dass Tori es nicht schafft, den Arm von Uke so zu drehen, dass die Klinge des Messers von Tori wegzeigt.

Uke greift *shomen uchi* oder *yokomen uchi* an und sticht *(gyakute)* (links) oder schneidet *(honte)* dabei zum Kopf von Tori (rechts).

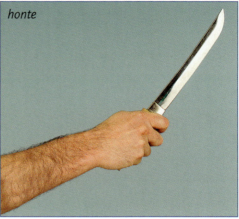

gyakute   *honte*

Anders als bei den meisten Aikido-Techniken versucht Tori bei *gokyo* in der Regel, keine fließende Bewegung zu machen, sondern den Angriff von Uke so deutlich wie möglich anzuhalten.

shomen uchi gokyo

Tori geht in dem Moment einen Schritt nach vorne, in dem Uke seinen Angriff mit *shomen uchi* beginnt.

Die zunächst hintere Hand kontrolliert den Ellbogen von Uke. Die vordere Hand nimmt den Schlag auf, indem sie vom Ellbogen zum Handgelenk den Unterarm von Uke entlanggleitet. So wird der Angriff von Uke gestoppt. Tori geht bei dieser Bewegung leicht aus der Angriffslinie von Uke hinaus, sodass er den Schlag von Uke auch kontrolliert vorbeilassen könnte, ohne selbst getroffen zu werden.

Tori fasst jetzt das Handgelenk von Uke so nah wie möglich am Messer, sodass Uke dieses nicht mehr bewegen kann. Sein Daumen ist dabei oben.

Detail der Handposition beim Greifen

Danach dreht Tori auf seinem vorderen Fuß rückwärts *(tenkan)* und bringt dabei seine Arme nach unten. Mit einer deutlichen Kontrolle am Ellbogen von Uke wird dieser zu Boden gebracht.

Tori kniet sich hin wie bei *ikkyo*: Sein inneres Knie befindet sich an der Achsel von Uke, sein äußeres Knie an dessen Handgelenk. Der Arm von Uke wird aber nicht ganz auf den Boden gelegt. So kann Tori mit seiner Hand am Ellbogen von Uke einen kurzen Druck nach unten ausüben und die Gegenbewegung von Uke nutzen, um die Hand von Uke zu dessen Kopf zu schieben und seinen Arm anzuwinkeln.

Tori drückt nun nochmals auf den Ellbogen von Uke und erzeugt damit einen Hebel an dessen Handgelenk, wodurch sich sein Griff öffnet und Tori das Messer entnehmen kann.

yokomen uchi gokyo

Uke greift *yokomen uchi* an. Tori geht in dem Moment, wenn Uke seinen Angriff beginnt, einen Gleitschritt nach vorne außen.

Seine vordere Hand stoppt den Schlag von Uke, die andere Hand kontrolliert die Längsachse von Uke *(atemi)*. Tori lernt in dieser Bewegung – ebenso wie bei *shomen uchi gokyo* –, den Angriff von Uke sicher anzuhalten. Bei fortgeschrittenerem Üben sollte Uke immer stärker, aber dennoch kontrolliert angreifen.

Dann fasst Tori mit der inneren Hand das Handgelenk von Uke so nah wie möglich am Messer, sodass Uke dieses nicht mehr bewegen kann.

 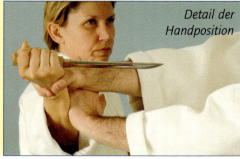

Detail der Handposition

Tori bringt jetzt seinen Griff kreisförmig nach oben und beginnt, um seinen vorderen Fuß rückwärts zu drehen. Zeitgleich greift die andere Hand den Ellbogen.

Tori bringt mit der Drehung seine Arme nach unten. Mit einer deutlichen Kontrolle am Ellbogen von Uke wird dieser zu Boden gebracht.

Tori kniet sich hin wie bei *ikkyo*: Sein inneres Knie befindet sich an der Achsel von Uke, sein äußeres Knie am Handgelenk. Der Arm von Uke wird aber nicht ganz auf den Boden gelegt. So kann Tori mit seiner Hand am Ellbogen von Uke einen kurzen Druck nach unten ausüben und die Gegenbewegung von Uke nutzen, um die Hand von Uke zu dessen Kopf zu schieben und seinen Arm anzuwinkeln.

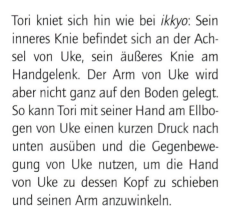

Tori drückt nun nochmals auf den Ellbogen von Uke und erzeugt so einen Hebel an dessen Handgelenk, wodurch sich sein Griff öffnet und Tori das Messer entnehmen kann.

5.6 hiji kime osae

Diese Haltetechnik wirkt über einen Hebel *(kime)* direkt auf den Ellbogen von Uke *(hiji)*.

omote waza

Tori kontrolliert Uke zunächst wie bei *ikkyo omote*. Dazu steht er sicher und stabil mit aufrechtem Oberkörper (vgl. Seite 138).

Mit der äußeren Hand greift Tori den Handrücken von Uke, sodass sein kleiner Finger am Puls von Uke liegt – Tori wechselt so zu *nikkyo*. Seinen Griff benutzt Tori, um den Arm von Uke so weit zu drehen, dass dessen Ellbogen nach vorne zeigt.

Tori lässt jetzt den Ellbogen von Uke los und bringt seinen Arm über und dann vor den Arm von Uke. Die Hand greift dabei das Handgelenk von Uke. Sein Oberkörper bleibt so aufrecht wie möglich. Die Knie beugt er stark ab, das hintere Knie hat Spannung nach außen.

Detail der Kontrolle durch Tori

Tori dreht seine Hüfte und damit auch seinen Arm zurück und erzeugt so einen Hebel am Ellbogen von Uke. Dieser wird damit ins Ungleichgewicht gebracht und gibt der Bewegung nach, indem er zurückgeht.

Um die Technik abzuschließen, kann Tori zu *ikkyo* wechseln und Uke auf den Boden bringen oder sich mit dem inneren Bein hinknien und Uke weiter über den Hebel am Ellbogen kontrollieren. Die Kontrolle am Ende der Technik ist die Gleiche wie bei *ikkyo* oder *nikkyo*.

ura waza

Die *ura*-Bewegung beginnt wie *ikkyo ura* – Tori greift aber nicht den Ellbogen, sondern das Handgelenk von Uke.

Tori macht einen Schritt vorwärts und dreht auf seinem vorderen Fuß rückwärts. Dabei bringt er seinen eigenen Arm über den Ellbogen von Uke und beginnt so, dessen Schulter zu kontrollieren.

Tori kann jetzt seine gefasste Hand aus dem Griff von Uke herausziehen und umgreifen wie bei *nikkyo* (vgl. Seite 142).

Dieselbe Position von vorne:

Tori dreht dann aus seiner stabilen und tiefen Position heraus seine Hüfte und damit auch seinen Arm zurück und erzeugt so einen Hebel am Ellbogen von Uke. Dieser wird damit ins Ungleichgewicht gebracht und gibt der Bewegung nach, indem er zurückgeht.

Bei *hiji kime osae* sollte darauf geachtet werden, dass Tori den Hebel am Ellbogen von Uke nicht sofort zu stark benutzt, da Uke sonst leicht die Bewegung von Tori blockieren kann. Vielmehr platziert sich Tori und setzt den Hebel dann abrupt, aber kontrolliert ein. Da bei diesem Hebel das Ellbogengelenk von Uke nicht mehr nachgeben kann, sollte das Üben mit entsprechender Vorsicht erfolgen.

5.7   ude garami

Uke greift *gyaku-hanmi katate dori* an. Tori geht einen Gleitschritt vorwärts und kontrolliert mit der freien Hand die Distanz zu Uke.

Die Hand bewegt sich dann zum Ellbogen von Uke und bringt diesen in Richtung von Tori. Gleichzeitig bewegt sich die gefasste Hand von Tori in Richtung Schulter von Uke. Durch diese Bewegung wird der Arm von Uke gebeugt und sein Griff beginnt sich zu lösen.

Die Handkante von Tori ist nun oberhalb des Schultergelenks von Uke.
Tori beginnt, auf seinem vorderen
Fuß rückwärts zu drehen und bewegt
gleichzeitig seine Hand – an der
Schulter von Uke vorbei – kreisförmig nach unten. Bei dieser Bewegung wickelt sich der Arm von Uke
um den Arm von Tori *(garami)*.
Gleichzeitig entsteht ein Hebel an
der Schulter von Uke.

Tori führt seine Bewegung weiter
und bringt die Schulter von Uke auf
den Boden. Es folgt das gleiche Ende
wie bei *nikkyo* (vgl. Seite 142).

Ude garami lässt sich immer auch
aus *kaiten nage* entwickeln (vgl. Kap.
5.11). Im Moment, in dem Tori Uke
bei dieser Technik kontrolliert, geht
er nicht nach vorne, um ihn zu werfen, sondern wechselt zu *ude garami*.

5.8   irimi nage

Die Idee von *irimi* wurde bereits erklärt (vgl. Kap. 2.3). Gezeigt wird hier der Abschluss dieser Technik.

Tori bringt dazu den Kopf von Uke mit seiner äußeren Hand an seine Schulter. Sein Gewicht stützt sich dabei zu ca. 70 % auf seinem hinteren Fuß. Seinen inneren Arm bewegt Tori nach oben – leicht seitlich am Kopf von Uke vorbei.

Tori dreht seinen Arm so, dass der Daumen nach unten zeigt. Durch diese Bewegung entsteht eine Rotation an der Schulter von Tori, die wiederum einen Hebel am Genick von Uke erzeugt.

Uke ist bei dieser Bewegung kompakt und entspannt – so akzeptiert er die Bewegung von Tori. Seine Längsachse bleibt erhalten, d. h., er knickt seinen Oberkörper nicht seitlich ab. Damit dies möglich wird, hebt er seinen äußeren Fuß an.

Tori beginnt jetzt, die Bewegung mit seinem Arm kreisförmig von oben nach unten zu schließen. Uke gibt dieser Bewegung nach, indem er zunächst sein äußeres Bein nach hinten positioniert, um dann über das innere Bein rückwärts abzurollen. Damit dies möglich wird, lässt Tori den Kopf von Uke los.

Bei *irimi nage* kann Tori Uke unterschiedlich stark aus dem Gleichgewicht bringen, bevor er die oben
beschriebene finale Position erreicht.

Wird Uke vollständig auf den Boden
gebracht, landet er auf Unterarm
und Knie (vgl. Seite 300). Diese Position erlaubt es Uke, kompakt zu bleiben und auf die Bewegungen von
Tori zu reagieren.

Tori senkt sich stark ab, sein hinteres Knie hat dabei Spannung nach außen, sein
Oberkörper bleibt aufrecht. Tori kontrolliert Uke über den Kontakt an Ellbogen und
Schulterblatt.

sokumen irimi nage (naname kokyu nage)

Hier wird die Technik aus dem
Angriff *gyaku-hanmi katate dori*
gezeigt. Tori geht einen Gleitschritt
vorwärts und dreht sich auf seinem
vorderen Fuß um 90° nach außen.

Gleichzeitig bringt er seine Hand zu
seinem vorderen Knie. Uke und Tori
senken sich beide ab, Uke kann so
weiterhin gut die Hand von Tori fassen. Beide halten ihre Oberkörper
möglichst aufrecht.

Tori bringt jetzt seine gefasste Hand vor seiner Längsachse nach oben, gleichzeitig bewegt sich sein hinterer Fuß nach vorne.

Dann dreht Tori seine Hüfte um 90° Richtung Uke und geht mit dem äußeren Fuß hinter ihn. Tori schließt die Bewegung, indem er seine Hand von oben nach unten zu seinem vorderen Fuß bewegt und dabei den Kopf von Uke mitnimmt. Tori dreht seinen Arm dabei so, dass er in seine eigene Handinnenfläche schauen kann. Der Oberkörper bleibt aufrecht, die Knie beugt Tori stark ab. Im Gegensatz zu *irimi nage* bleibt der Kopf von Uke an der Außenseite des Arms von Tori *(sokumen)*.

Uke kann mit seiner freien Hand den Arm von Tori kontrollieren. Beim Abrollen legt Uke sein Knie möglichst weit nach hinten ab, um die Bewegungsenergie von Tori aufnehmen zu können.

5.9 shiho nage

Dieser Wurf lässt sich in vier Richtungen *(shi-ho)* ausführen. Geübt werden in der Regel zwei Richtungen: *omote* und *ura*.

Für diese Bewegung geht Tori unter dem Arm von Uke hindurch. Wichtig ist, dass er dabei weder am Arm von Uke zieht noch am Ellbogen hebelt.

Tori rotiert seine Ellbogen nicht nach außen, sondern belässt sie unten. Der Griff von Tori legt sich wie eine Manschette um das Handgelenk von Uke.

omote waza

Tori hat nach dem Bewegungseingang das Handgelenk von Uke gefasst. Er geht einen Schritt vor Uke, hebt am Ende dieser Vorwärtsbewegung seine Arme und gleitet so unter dem Arm von Uke hindurch.

Dann dreht sich Tori um 180° um seine Längsachse nach außen *(tai no henka)*. Durch diese Bewegung entsteht ein Hebel am Ellbogen von Uke.

Detail des Griffs der inneren Hand

Tori schließt nun die Technik ab, indem er seine Hände zu seinem vorderen Fuß bringt. Diese Bewegung erfolgt direkt an der Schulter von Uke vorbei – also in einem natürlichen Bewegungsradius – und bleibt dadurch funktional für den Arm von Uke.

Dazu macht Tori einen leichten Gleitschritt vorwärts und bewegt seinen Oberkörper zu seinem vorderen Oberschenkel, um mit seinem Körpergewicht die Wurfbewegung zu verstärken.

Uke lässt seinen Arm und seine Schulter trotz des Hebels entspannt und rollt rückwärts ab.

ura waza

Tori hat nach dem Bewegungseingang das Handgelenk von Uke gefasst. Er geht aus einer diagonalen Position einen Schritt vorwärts, um sich dann für die *ura*-Bewegung um 180° rückwärts zu drehen, sodass sich die Schultern von Tori und Uke auf einer Höhe befinden *(tai-sabaki)*.

Tori hat mit seiner äußeren Hand das Handgelenk von Uke gefasst. Seine Hände befinden sich vor seiner Längsachse. Tori geht jetzt wieder einen leichten Gleitschritt vorwärts und hebt am Ende dieser Vorwärtsbewegung seine Hände, um sich dann – wie bei *omote* – um 180° um seine eigene Achse zu drehen. Während des gesamten Bewegungsablaufs bleibt Tori aufrecht.

So entsteht derselbe Hebel wie bei der *omote*-Bewegung. Tori schließt die Bewegung und kann Uke mit seiner Technik werfen.

Die Wurfbewegung ähnelt einem Schneiden mit dem Schwert von oben nach unten auf der Längsachse von Tori. Die Hebelwirkung bleibt dabei wieder funktional für den Ellbogen von Uke, da seine Hand direkt an seiner eigenen Schulter vorbeibewegt wird – es entsteht kein Zug nach außen.

Beschleunigt Tori die Bewegung so stark, dass Uke nicht mehr rückwärts abrollen kann, fällt dieser um das Handgelenk von Tori als Rotationsachse vorwärts.

5.10   ude kime nage

Dieser Wurf basiert auf einem ähnlichen Bewegungsanfang wie *shiho nage*. Uke greift in diesem Beispiel mit *ai-hanmi katate dori* an.

omote waza

Tori öffnet die Bewegung, indem er seinen vorderen Fuß leicht nach außen bringt. Seine vordere Hand bleibt dabei über seinem vorderen Fuß.

Dann geht Tori einen Schritt vor Uke. Zeitgleich bringt er seine innere Hand von hinten nach vorne unter die Schulter von Uke und dreht seine Hand am Ende der Vorwärtsbewegung so herum, dass sein Daumen nach unten zeigt. Hierdurch entsteht ein Hebel *(kime)* an Ellbogen *(ude)* und Schulter von Uke. Dieser erhält einen deutlichen Vorwärtsimpuls und rollt nach vorne ab.

Tori sollte bei fortgeschrittenerem Üben darauf achten, dass sein freier Arm mit der Vorwärtsbewegung beschleunigt.

ura waza

Tori greift das Handgelenk von Uke und bewegt sich aus einer diagonalen Ausgangs-position mit *tai-sabaki* in dessen Rücken. Der Griff von Tori am Handgelenk von Uke bleibt dabei vor der Längsachse von Tori.

Dann geht Tori mit seinem inneren Fuß einen deutlichen Gleitschritt nach vorne. Gleich-zeitig bringt er wie bei der *omote*-Technik seinen inneren Arm nach vorne und dreht die-sen am Ende der Vorwärtsbewegung so herum, dass sein Daumen nach unten zeigt. Uke erhält hierdurch einen deutlichen Vorwärtsimpuls und rollt nach vorne ab.

Wird *ude kime nage* korrekt ausgeführt, kann Uke nicht kalkulieren, ob Tori mit der Vorwärtsbewegung zu seinen Rippen oder zu seinem Kopf schlägt. Auch durch dieses Bewegungsgefühl entsteht der Wurf. Wenn Tori zur Übung ein Messer in seiner Hand hält, wird diese Idee für Uke besonders deutlich.

5.11   kaiten nage

Bei *kaiten nage* unterscheidet man die Formen *uchi* und *soto*. Zunächst wird die *omote*-Bewegung zu beiden Techniken gezeigt, dann der für beide Formen identische *ura*-Abschluss.

uchi kaiten nage

Uke greift *gyaku-hanmi katate dori* an. Tori geht einen Gleitschritt nach außen vorne und lässt dabei seine gegriffene Hand über seinem vorderen Fuß, seine freie Hand kontrolliert die Distanz zu Uke *(atemi)*.

Dann bewegt sich Tori mit einem Schritt unter dem Arm von Uke hindurch *(uchi)* und dreht seine Hüfte um 180° *(kaiten)*.

Bei dieser Bewegung bleibt der Oberkörper von Tori aufrecht.

Tori bringt seine gegriffene Hand vor seiner Längsachse nach unten und führt diese Bewegung mit einem Schritt rückwärts weiter. Dabei senkt er sich stark mit den Knien ab.

Uke gibt dieser Bewegung mit einem Schritt rückwärts nach und beugt den Oberkörper ab, damit er Tori weiter festhalten kann. Die freie Hand von Tori bewegt sich von oben nach unten zum Kopf von Uke *(atemi)*.

Tori bewegt jetzt seine gegriffene Hand kreisförmig nach oben. Er befreit so seine Hand und fasst selbst das Handgelenk von Uke.

Tori geht mit seinem vorderen Bein zurück. Mit einem Schritt vorwärts erzeugt Tori einen Hebel an der Schulter von Uke und bringt diesen damit nach vorne aus dem Gleichgewicht.

Uke lässt seine Schulter entspannt und rollt vorwärts ab – zum einen wegen des Hebels an seiner Schulter, zum anderen, weil er von Toris Knien nicht getroffen werden möchte.

soto kaiten nage

Uke greift *gyaku-hanmi katate dori* an. Tori geht einen Gleitschritt vorwärts und lässt dabei seine gegriffene Hand über seinem vorderen Fuß. Die andere Hand kontrolliert die Distanz zu Uke.

Tori hebt kreisförmig seine gegriffene Hand nach außen oben, sodass die Handkante auf Uke gerichtet ist. Danach dreht er auf seinem vorderen Fuß um 180° rückwärts. Tori bleibt damit an der Außenseite *(soto)* des Arms von Uke (vgl. Seite 75).

Es folgt die gleiche Bewegung wie bei *uchi kaiten nage*. Tori bringt seine gegriffene Hand vor seiner Längsachse nach unten und geht dann einen Schritt zurück, wobei er sich stark mit den Knien absenkt.

Uke gibt dieser Bewegung mit einem Schritt rückwärts nach und beugt den Oberkörper ab, damit er Tori weiter festhalten kann. Die freie Hand von Tori bewegt sich von oben nach unten zum Kopf von Uke *(atemi)*.

Tori bewegt seine gegriffene Hand kreisförmig nach oben. Er befreit so seine Hand und fasst selbst das Handgelenk von Uke.

Mit einem Schritt vorwärts erzeugt Tori einen Hebel an der Schulter von Uke und bringt diesen damit nach vorne aus dem Gleichgewicht. Uke rollt vorwärts ab.

ura waza

Nach der *soto*- oder *uchi*-Eingangsbewegung geht Tori nicht rückwärts, sondern bewegt sich mit einem *tai-sabaki* auf die Vorderseite und damit auf die andere Seite des Arms von Uke. Gleichzeitig bringt er seine gegriffene Hand vor seiner Längsachse nach unten. Uke beugt den Oberkörper ab, da Tori zusätzlich mit der freien Hand zu seinem Kopf schlägt *(atemi)*.

Aus dieser Position geht Tori mit dem inneren Fuß einen Gleitschritt vorwärts. Dann macht er einen Schritt und bringt so den Arm von Uke an dessen Hüfte. Gleichzeitig fixiert Tori damit die Drehachse für die weitere Bewegung. Jetzt kann Tori um 180° rückwärts drehen, dabei geht er in den Rücken von Uke *(ura)*. Durch diese Bewegung wird Uke gedreht und aus dem Gleichgewicht gebracht.

Im Anschluss an die Fußbewegung dreht Tori zusätzlich seine Hüfte um 180° und bewegt seine gegriffene Hand von hinten nach vorne zum Körper von Uke, um diesen zu werfen.

Uke folgt der gesamten Bewegung von Tori, um nicht von dessen Knien am Kopf getroffen zu werden, und rollt dann vorwärts ab.

5.12   kote gaeshi

Nach der Eingangsbewegung hat Tori das Handgelenk *(kote)* von Uke mit seiner spie-gelsymmetrischen Hand gefasst. Sein kleiner Finger liegt am Puls von Uke, sein Daumen auf dessen Handrücken. Über diesen Griff fixiert Tori den Ellbogen von Uke.

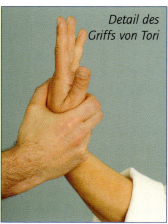

Detail des Griffs von Tori

Tori ist dabei so ausgerichtet, dass er den Winkel zu Uke kontrollieren und gleichzeitig eine Wurfbewegung an der Hüfte von Uke vorbei durchführen kann.

Für den Wurf benutzt Tori seine freie Hand. Diese bewegt er auf den Handrücken von Uke und erzeugt hierdurch einen Hebel an dessen Handgelenk (*gaeshi* = umdrehen, umwandeln). Die Wurfbewegung geht dabei in Richtung des vorderen Fußes von Tori. Uke rollt rückwärts ab oder fällt um das Handgelenk von Tori als Drehachse vorwärts, wenn Tori den Wurf so beschleunigt, dass ein Rückwärtsabrollen zu langsam wäre.

Kote gaeshi ist eine sogenannte *nage katame waza*, also ein Wurf, der mit einer Haltetechnik abgeschlossen wird. Tori hält nach dem Wurf das Handgelenk von Uke weiter fest. Seine freie Hand gleitet zum Ellbogen von Uke, sein Daumen ist dabei auf ihn selbst gerichtet.

Tori geht mit seinem hinteren Fuß um den Kopf von Uke herum. Das Handgelenk von Uke, das Tori weiterhin gefasst hält, bleibt dabei über dem Gesicht von Uke. Tori dreht den Ellbogen von Uke um die Achse, die sich jetzt zwischen Handgelenk und Gesicht von Uke befindet. Mit dieser Bewegung wird Uke auf den Bauch gedreht.

Es folgt das gleiche Ende wie bei *nikkyo*: Tori kniet sich so hin, dass sich die Schulter von Uke zwischen seinen Knien befindet. Der Arm von Uke liegt in der Ellenbeuge von Tori, die freie Hand von Tori zieht den Ellbogen an seinen Oberkörper. Mit einer Hüftdrehung in Richtung Kopf von Uke erzeugt Tori einen Hebel an der Schulter von Uke (vgl. Seite 142).

Zweite Möglichkeit für kote gaeshi

Uke greift *gyaku-hanmi katate dori*. Tori bringt seine gegriffene Hand nach innen oben, sodass er in seine Handfläche schauen kann (vgl. Seite 79). Gleichzeitig geht sein vorderer Fuß nach hinten außen und sein hinterer Fuß kommt nach vorne. Tori ist jetzt nicht mehr frontal zu Uke ausgerichtet, sondern steht zu ihm in einem Winkel von ca. 45°.

Die freie Hand von Tori greift von unten den Daumenballen von Uke.

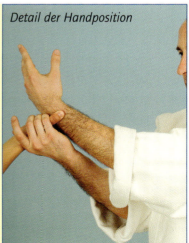

Detail der Handposition

Tori zieht seine gefasste Hand aus dem Griff von Uke und bringt diese Hand von oben nach unten auf den Handrücken von Uke. Damit entsteht wieder der Hebel am Handgelenk von Uke. Der Hebel wird dadurch verstärkt, dass Tori sich mit seinen Knien absenkt. Uke lässt seinen Arm trotz des Hebels entspannt und rollt rückwärts ab oder fällt vorwärts.

Die gleiche Bewegung um 90° gedreht.

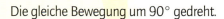

5.13 koshi nage

Koshi bedeutet Hüfte – *koshi nage* ist übersetzt also ein Hüftwurf: Tori wirft Uke über seine Hüfte. Dafür gibt es verschiedene Möglichkeiten. Allen ist gemein, dass der Kontakt zu Uke möglichst minimal sein sollte. So wird verhindert, dass Uke sich an Tori festhalten und eine Gegentechnik ansetzen kann.

Hier liegt auch ein Unterschied zu den Hüftwürfen im *Judo*: Während im *Judo* nach dem Wurf möglichst noch eine Haltetechnik am Boden angesetzt werden soll, möchte man im Aikido nach dem Wurf sofort die Möglichkeit haben, auf einen weiteren Angreifer zu reagieren.

Tori hat nach dem Bewegungseingang das Handgelenk von Uke spiegelsymmetrisch gefasst und geht einen Schritt vorwärts. Die freie Hand von Tori kontrolliert dabei die Distanz zu Uke *(atemi)*.

Tori bringt seine Fersen zusammen und dreht sich im 90°-Winkel zu Uke. Sein Oberkörper hat Kontakt zum Oberkörper von Uke. Uke greift die Jacke von Tori, um sicher fallen zu können.

Tori senkt sich mit den Knien ab, sein Oberkörper bleibt dabei gerade. Er schaut zu seiner greifenden Hand, hierdurch dreht sich seine eigene Hüfte leicht.

Durch das Absenken ist Tori jetzt unter dem Schwerpunkt von Uke. Die freie Hand von Tori befindet sich auf seiner Augenhöhe und beginnt nun, in Richtung der Beine von Uke zu fegen. Durch diese Bewegung wird Uke aus dem Gleichgewicht gebracht und fällt über die Hüfte (koshi) von Tori. Tori lässt die Hand von Uke los, damit dieser beim Fallen abschlagen kann.

Diese Lernform bietet eine gute Möglichkeit, ein Gefühl für koshi nage zu entwickeln. Zur Übung kann Tori auch zunächst seine Füße weiter auseinanderstellen, um Uke dann langsam auf seine Hüfte aufzuladen. Uke achtet darauf, dass er entspannt, aber nicht zu schlaff ist. Sein Oberkörper beugt sich nicht ab, sondern bleibt möglichst lange aufrecht, damit er sicher fallen kann.

koshi nage auf der Basis von shiho nage omote waza

Diese Form basiert auf demselben Anfang wie shiho nage omote waza (vgl. Seite 179). Tori hat nach dem Bewegungseingang das Handgelenk von Uke diagonal gefasst und geht einen Schritt vorwärts. Dann bringt er seine Füße zusammen und senkt sich ab.

Gleichzeitig bringt er seine greifende Hand über seinen Kopf und auf seine andere Körperseite. Seine freie Hand hebt er auf Augenhöhe und beginnt, in Richtung der Beine von Uke zu fegen.

Uke wird so aus dem Gleichgewicht gebracht und fällt über die Hüfte von Tori. Da sich Uke bei diesem Wurf nicht selbst festhalten kann, um sicher zu fallen, ist es wichtig, dass Tori seinen Griff bis zum Ende des Fallens an der Hand von Uke beibehält.

koshi nage auf der Basis von ude kime nage omote waza

Diese Form basiert auf demselben Anfang wie *ude kime nage* (vgl. Seite 183). Tori hat nach dem Bewegungseingang das diagonale Handgelenk von Uke gefasst. Er geht einen Schritt vorwärts, bringt seine Füße vor Uke zusammen und senkt sich stark ab. Zeitgleich dreht er seine Hüfte um 180°. Seine freie Hand bewegt sich an der Hüfte von Uke vorbei – anders als bei *ude kime nage* erfolgt diese Bewegung aber nicht nach vorne, sondern nach oben.

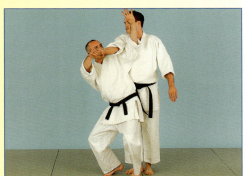

Die freie Hand von Tori bewegt sich jetzt kreisförmig nach unten zu seinen Füßen. Uke greift mit seiner freien Hand die Jacke von Tori, um sicher fallen zu können.

Durch diese Bewegung wird Uke aus dem Gleichgewicht gebracht und fällt über die Hüfte von Tori. Dieser lässt den Arm von Uke los, damit er abschlagen kann.

koshi nage auf der Basis von ikkyo omote waza

Diese Form basiert auf demselben Anfang wie *ikkyo omote waza* (vgl. Seite 138). Uke greift mit *ai-hanmi katate dori* an. Mit dem Öffnen der Bewegung greift Tori die Jacke von Uke am Ellbogen.

Dann bringt er seine Füße vor Uke zusammen, senkt sich stark ab und dreht seine Hüfte um 180°. Uke greift mit seiner freien Hand die Jacke von Tori, um sicher fallen zu können.

Tori bringt den Arm von Uke über seinen Griff an Hand und Ellbogen kreisförmig nach unten. Hierdurch wird Uke aus dem Gleichgewicht gebracht und fällt über die Hüfte von Uke.

Tori lässt den Arm von Uke los, damit dieser abschlagen kann.

Dynamische Form

Die oben beschriebenen Formen von *koshi nage* sind mehr oder weniger Lernformen, mit denen das Bewegungsgefühl von *koshi nage* erarbeitet werden kann. Bei dynamischen Angriffen bleibt Tori keine Zeit, sich im 90°-Winkel vor Uke zu platzieren. Das heißt, bei einem dynamischen Angriff ist auch eine dynamische Form von *koshi nage* notwendig.

Uke greift *kata dori men uchi* an. Während Uke die Jacke von Tori auf Schulterhöhe greift, gleitet dieser schon mit seinem vorderen Fuß weiter nach vorne.

Tori kontrolliert den Schlag von Uke mit seiner vorderen Hand und übernimmt den Schlag dann mit seiner anderen Hand.

Durch das Vorwärtsgleiten und die Schlagbewegung von Uke steht Tori jetzt auf Höhe der Hüfte von Uke. Tori beginnt, mit seinem hinteren Fuß nach hinten zu drehen. Durch diese Bewegung und durch seine eigene dynamische Vorwärtsbewegung wird Uke aus dem Gleichgewicht gebracht und fällt über die Hüfte von Tori. Dafür lässt er die Schulter von Tori los und greift die Jacke, um sicher fallen zu können.

Wichtig für die Ausführung dieser dynamischen Form ist, dass die Vorwärtsbewegung von Uke nicht unterbrochen wird und der Kontakt zwischen Uke und Tori minimal bleibt. Tori ist im Moment des Kontakts kompakt, er steht tief und stabil und könnte Uke auch mit seinem vorderen Ellbogen treffen.

5.14 tenchi nage

Uke greift *gyaku-hanmi katate dori* an. Tori geht einen Gleitschritt mit seinem vorderen Fuß nach vorne außen. Die gegriffene Hand bleibt dabei über seinem vorderen Fuß – sie bewegt sich also nach unten (*chi* = Erde).

Durch das Vorwärtsgleiten stehen Tori und Uke auf gleicher Höhe. Tori bewegt seinen freien Arm nach oben (*ten* = Himmel) seitlich am Kopf von Uke vorbei. Dann geht er mit dem inneren Fuß weiter nach vorne und dreht seine obere Hand so herum, dass sein Daumen nach unten zeigt. Er bringt seine Hand kreisförmig von oben nach unten zu seinem vorderen Fuß und schließt so die Bewegung. Hierdurch wird Uke aus dem Gleichgewicht gebracht und rollt rückwärts ab.

Um sicher fallen zu können, legt Uke sein inneres Knie so weit wie möglich nach hinten ab. Ist die Bewegung korrekt, gleitet der Kopf von Uke am Arm von Tori entlang.

Bei einer direkteren, dynamischen Form kann Tori mit der Faust direkt zum Gesicht von Uke schlagen. Die Faust folgt dabei derselben Bahn wie die Bewegung bei gestrecktem Arm (s. o.). Gleichzeitig zeigt die Spannung der unteren Hand von Tori Uke die Ausweichmöglichkeit, damit er nicht vom Schlag von Tori getroffen wird. Uke fällt über die Hand von Tori als Drehachse vorwärts.

5.15   sumi otoshi

Uke greift *gyaku-hanmi katate dori* an. Tori geht mit seinem vorderen Fuß einen Gleitschritt nach vorne außen. Die Hand, die Uke greift, bleibt dabei über seinem vorderen Fuß.

Seine freie Hand bewegt sich von unten nach oben an der Längsachse von Uke entlang und kontrolliert so die Distanz.

Tori bringt seine Füße nach vorne zusammen und beginnt, sich abzusenken. Dabei bleibt sein Gewicht nach vorne gerichtet, d. h., sein Gesäß bewegt sich nicht nach hinten. Mit dem Absenken gleitet seine freie Hand von oben nach unten am Körper von Uke entlang und – hinter Uke angekommen – in Richtung seiner Knie.

Mit dieser Bewegung wird Uke aus dem Gleichgewicht gebracht. Zugleich fegt Tori die Beine von Uke weg. Uke fällt über seinen Griff als Drehachse vorwärts.

Durch das Hinknien kann Tori einfach den für ihn günstigen Winkel zu Uke erreichen. In fortgeschritteneren Formen ist es dann ausreichend, wenn Tori diesen Winkel findet und sich mit seinen Knien leicht absenkt, um Uke das Gleichgewicht zu nehmen. Keinesfalls wird am Griff von Uke gezogen, da dieser sonst entweder zurückzieht, loslässt oder sich seitlich mitbewegt.

5.16 juji garami nage

Uke greift Tori mit *ushiro ryote dori* an (vgl. Seite 285). Tori hebt seine äußere Hand und macht unter dem Arm von Uke hindurch einen Gleitschritt zurück.

Dabei dreht er seine äußere Hand nach innen und greift das Handgelenk von Uke. Zeitgleich bewegt er seine vordere Hand kreisförmig nach hinten oben und fasst mit der Gabel aus Daumen und Zeigefinger das andere Handgelenk von Uke.

Tori bringt die Arme von Uke über Kreuz *(juji garami)* und auf Spannung.

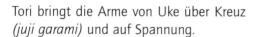

Detail der Armposition und des Griffs von Tori

Mit einem Gleitschritt nach vorne drückt die obere Hand den Arm von Uke kreisförmig nach vorne unten. So wird Uke aus dem Gleichgewicht gebracht und fällt vorwärts.

Zum Vorwärtsfallen muss Uke mit seinem vorderen Fuß sein hinteres Bein wegfegen. Im Gegensatz zu anderen Würfen ist es Uke bei *juji garami nage* nicht möglich, nach vorne zu fallen und sich gleichzeitig von Tori zu entfernen. Mit der inneren Hand hält Tori Uke weiter fest, mit der äußeren Hand lässt er ihn los, damit Uke abschlagen kann.

5.17 aiki otoshi

Uke greift *ushiro ryo kata dori* (vgl. Seite 288) an. Bevor seine Angriffsbewegung zum Stillstand kommt, geht Tori seitlich an Uke vorbei einen Schritt rückwärts. Dabei bleibt sein Oberkörper gerade und er senkt sich tief ab, seine Knie haben Spannung nach außen. Durch diese Bewegung wird Uke schon leicht in ein Ungleichgewicht gebracht.

Tori kann jetzt die Knie von Uke zusammenbringen und sie mit beiden Händen umfassen.

Hierdurch wird Uke so stark ins Ungleichgewicht gebracht, dass Tori seine Füße nach oben und hinter sich heben kann. Danach dreht Tori sich in die entgegengesetzte Richtung, damit Uke ihn nicht mitzieht. Uke behält mit der hinteren Hand seinen Griff an der Jacke von Tori bei, um sicher fallen zu können.

5.18   kokyu nage

Kokyu bedeutet Atmung oder Austausch. *Kokyu nage* sind also die Würfe im Aikido, durch die die Energie des Angriffs so umgelenkt wird, dass Uke in ein Ungleichgewicht gerät. *Kokyu nage*-Techniken sind damit in der Regel besonders dynamische und flie-ßende Bewegungen, bei denen kein Hebel an den Gelenken von Uke eingesetzt wird. Da jedoch allen Wurftechniken im Aikido auch die Idee der *kokyu nage* innewohnt, könnte man alle Würfe als *kokyu nage* bezeichnen.

Uke greift *jodan tsuki* an. Tori nimmt mit der diagonalen Hand den Schlag von Uke auf, die andere Hand beginnt, den Ellbogen von Uke zu kontrollieren (ähnlich wie bei *ikkyo omote waza*).

Gleichzeitig geht Tori mit dem hinteren Fuß dem Schlag von Uke einen Schritt entgegen. Dabei lässt er Oberkörper und Kopf hinten, mit anderen Worten: Tori verkürzt mit seiner eigenen Vorwärtsbewegung nicht zu stark die Distanz zu Uke.

Im Moment, in dem Uke davon ausgeht, Tori zu treffen – also im Moment der stärksten Vorwärtsbewegung und Dynamik –, senkt sich Tori nach unten ab, dreht seine Hüfte um 180° und bringt Uke so aus dem Gleichgewicht. Der Wurf entsteht also allein durch die Ausweichbewegung von Tori, ohne dass am Arm von Uke gezogen wird.

5.19   ushiro kiri otoshi

Uke greift Tori mit *chudan tsuki* (vgl. Seite 282) an. Tori geht einen Gleitschritt vorwärts und kontrolliert dabei mit der vorderen Hand seitlich den Schlag von Uke, ohne diesen anzuhalten oder zu blockieren (vgl. Seite 89).

Tori geht jetzt mit einem weiteren Gleitschritt in den Rücken von Uke und dreht auf seinem vorderen Fuß um 180° rückwärts. Zeitgleich beginnt seine Hand, den Kopf und das Kinn von Uke von hinten zu kontrollieren. Mit seiner anderen Hand schneidet Tori von oben nach unten zum Kopf von Uke *(kiri)*.

Uke fällt rückwärts, indem er mit seinem hinteren Knie seinen vorderen Fuß wegfegt. Er setzt so seine Vorwärtsbewegung fort und wird nicht von Tori getroffen.

5.20 suwari waza kokyu ho

Wie schon in Kap. 5.18 erläutert, bedeutet *kokyu* Atmung oder Austausch, *ho* steht für Übung. Bei *kokyu ho* geht es also darum, mit Uke einen Austausch zu suchen bzw. dieses Prinzip zu üben (vgl. Kap. 6.3).

Die technische Basisform für diese Übung sieht folgendermaßen aus:

Uke und Tori sitzen sich auf den Knien gegenüber *(seiza)*. Die Zehen sind abgelegt. Uke greift die Handgelenke von Tori.

Dieser bringt seine Hände ein wenig nach oben und öffnet die Position von Uke, indem er beide Hände etwas nach außen bewegt.

Dann führt er seine Handkanten zu den Schultern von Uke und bringt diesen leicht nach hinten aus dem Gleichgewicht.

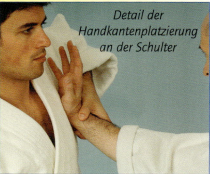

Detail der Handkantenplatzierung an der Schulter

Schließlich kippt Tori Uke zu einer Seite. Tori korrigiert seine Position in Bezug zu Uke, indem er hinterherrutscht. Dabei stellen sich seine Zehen auf. Tori kann Uke jetzt kontrollieren.

Uke hält weiterhin die Hände von Tori fest und überkreuzt seine Beine, um nicht flach auf den Rücken zu fallen.

Bei fortgeschrittenerem Üben kann Uke versuchen, Tori festzuhalten und zu blockieren. Tori versucht, seine Position beizubehalten, die Position von Uke zu öffnen und ihn trotz der Blockade aus dem Gleichgewicht zu bringen.

Zum Weiterlesen:

Ueshiba, K. & Ueshiba, M. (2002). *Best Aikido: The fundamentals*. Tokio: Kodansha International Ltd.

Ueshiba, M. (2003). *The Aikido master course: Best Aikido 2*. Tokio: Kodansha International Ltd.

ikkyo omote waza

„Derjenige, für den die physische Auseinandersetzung,
der Kampf, unausweichlich geworden ist,
hat einen Kampf bereits verloren."

Morihei Ueshiba

6   Aikido beruht auf Prinzipien

- Was sind die wichtigsten Prinzipien im Aikido?
- Wie kann man die Prinzipien erlernen?
- Wie wirken die Prinzipien zusammen?

Alle Aikido-Techniken beruhen auf denselben Prinzipien. Diese Prinzipien machen die Techniken zu Aikido-Techniken und grenzen sie z. B. von „Tricks" ab, wie sie etwa in Selbstverteidigungskursen unterrichtet werden. Prinzipien sind also das, was konstant bleibt, wenn die Techniken wechseln oder zu Anwendungen werden.

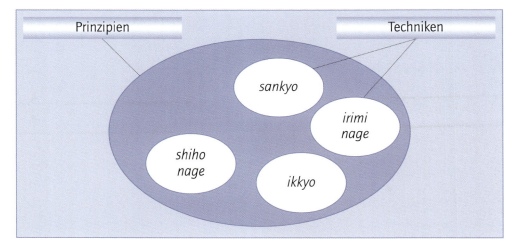

Ziel des Lernprozesses im Aikido ist es, über die Techniken als Methode die Prinzipien im Aikido zu erkennen, zu verstehen, zu verinnerlichen und schließlich anzuwenden.

Für Anfänger im Aikido reicht es zunächst aus, drei Prinzipien zu berücksichtigen:

- die richtige Distanz zu erkennen und herzustellen *(ma-ai)*,
- die richtige Haltung einzunehmen *(shisei)* und natürlich
- die richtige Technik anzuwenden *(waza)*.

An diese drei Dinge zu denken stellt für Anfänger im Aikido schon eine große Herausforderung dar.

Fortgeschrittene sollten sich bemühen, auch die übrigen Prinzipien im Aikido – wie etwa ökonomische und reine Bewegungen auszuführen und die Integrität von Uke, aber auch die eigene zu wahren – nach und nach zu berücksichtigen. Dabei darf durch das Einhalten eines Prinzips nicht ein anderes geopfert werden. Kann der *Aikido-ka* z. B. die richtige Technik nur durchführen, wenn er zu viel Kraft einsetzt und dadurch seine korrekte Haltung verliert, ist dies falsch. Die Technik konnte nur durchgeführt werden, indem das Prinzip der korrekten Haltung aufgegeben wurde.

Vielmehr sollten die Bestrebungen dahin gehen, alle Prinzipien zu wahren, denn damit wäre die ideale und perfekte Aikido-Technik erreicht!

Näher betrachtet und mit Beispielen erklärt werden nachfolgend die wichtigsten Prinzipien im Aikido:

6.1　Korrekte Haltung – shisei

Die korrekte Haltung im Aikido sieht folgendermaßen aus:

- Der Oberkörper ist gerade (man spricht von einer aufrechten Längsachse).

- Die Schultern sind entspannt und leicht zurückgezogen.

- Der Kopf ist aufrecht in der Verlängerung der Längsachse.

- Die Arme sind locker-entspannt, ohne schlaff zu sein.

- Die Füße stehen hintereinander auf einer Linie, sodass man auf der Stelle die Hüfte und Füße drehen kann, ohne die Beine zu überkreuzen.

- Die Hände bleiben immer in einem natürlichen Arbeitsbereich über den Füßen; die Ellbogen sind nach unten gerichtet und werden in der Regel nicht nach außen rotiert.

shisei – sokumen irimi nage

Durch das Üben der korrekten Haltung entwickelt sich auch das Gefühl für ein stabiles Zentrum, im Aikido hat sich dafür der Begriff der stabilen Hüfte eingebürgert. Das japanische Wort dafür ist *hara*.

Dieser Begriff ist für jede Kampfkunst von großer Bedeutung. Durch die korrekte Haltung und das Gefühl für ein stabiles Zentrum in der Bewegung entwickelt sich zudem das Vorstellungsbild, die Bewegungen mit

hara

einer „positiven Energie" (*ki* – vgl. Kap. 1) ausführen zu können. Die Bewegungen sind entspannt, aber nicht schlaff, sie werden natürlich und spontan. Alle drei Elemente bedingen oder beeinflussen sich demnach gegenseitig.

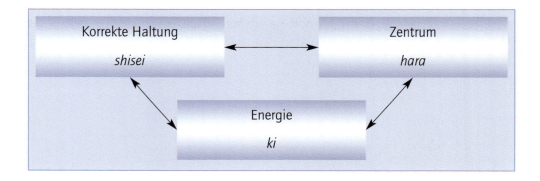

Korrekte Haltung
shisei

Zentrum
hara

Energie
ki

Viele Aikido-Techniken erfordern ein starkes Absenken mit den Knien, um möglichst tief arbeiten zu können. Auch dabei bleibt der Oberkörper möglichst aufrecht, die Knie haben Spannung nach außen.

Ein weiteres Beispiel für *shisei*: Wenn Uke mit *shomen uchi* angreift, beugt Tori sich nicht seitlich ab, sondern seine Bewegung bleibt gerade und aufrecht. Er kontrolliert so den Schlag von Uke und kann ihn – dank seiner Position und korrekten Haltung – vorbeigleiten lassen.

Als weiteres Beispiel für *shisei* in einer tieferen Position: Uke greift *ryo kata dori* an. Tori steht aufrecht, seine Knie sind stark abgebeugt. Die vordere Hand kontrolliert die Distanz zu Uke. Tori behält seine korrekte Position bei, obwohl Uke ihn angreift. Durch sie kann Tori den Angriff von Uke kontrollieren.

Die korrekte Haltung ist auch bei der Arbeit mit dem *bokken* essenziell: Diese Position mit dem Schwert heißt *hasso kamae*. Tori steht aufrecht, seine Position ist ausgeglichen und stabil. So kann er einem Angriff wirkungsvoll begegnen oder selbst mit dem Schwert schnell und effektiv angreifen.

6.2   Stimmige Distanz – ma-ai

„Alles liegt in der richtigen Distanz" – dieser Ausspruch von Christian Tissier spiegelt die Wichtigkeit des Prinzips wider. Dabei kann ein festes Maß für die stimmige Distanz zwischen Tori und Uke nicht angegeben werden. Sie hängt vielmehr von der Technik, die geübt werden soll, von der Geschwindigkeit, in der geübt wird, von der Art des Angriffs und natürlich vom Niveau der Übenden ab.

Grundsätzlich ist Tori dafür verantwortlich, die Distanz zu Uke zu kontrollieren, da er derjenige ist, der sich verteidigt. „Kontrollieren" bedeutet in diesem Zusammenhang, dass Tori immer genügend Zeit hat, um auf Bewegungen von Uke angemessen reagieren zu können – er wird nicht überrascht.

Gerade wenn man mit Aikido beginnt, ist es daher sinnvoll, zunächst mit einer etwas größeren Distanz zu üben. Das bedeutet, dass Uke für seinen Angriff immer noch einen Schritt machen muss, um Tori zu erreichen. So können sich dynamische Bewegungen entwickeln. Mit höherem Niveau ist es möglich und sinnvoll, in kleinerem Abstand zueinander zu üben. Uke benötigt dann nur noch einen Gleitschritt vorwärts, um Tori anzugreifen.

Bei der Arbeit mit dem *bokken* wird die Bedeutung der Distanz besonders deutlich: Wenn Uke und Tori sich mit dem Schwert in der Position *seigan kamae* gegenüberstehen, haben sie dieselbe Distanz wie in den Basistechniken des Aikido. Beide können sich gegenseitig erreichen, aber auch kontrollieren. Wäre die Distanz größer, gäbe es für beide keine Gefahr, da sie sich ohne Anstrengung nicht treffen könnten. Stünden sie näher beieinander, könnten sie sich nicht mehr gegenseitig kontrollieren, sondern wären in der Lage, den anderen zu überraschen.

6.3 Austausch suchen - aiki

Ai bedeutet Harmonie, zusammenbringen, in Harmonie vereinigen – *ki* steht für Energie. Zusammengenommen steht *aiki* für das Prinzip, die sich anfänglich gegenüberstehenden Kräfte von Tori und Uke zu vereinigen und in Harmonie zusammenzubringen (vgl. Kap. 1). Das bedeutet für das Üben, dass Tori den Angriff von Uke nicht abblockt, sondern er seine Bewegungen aufnimmt oder sogar antizipiert. Uke wird damit ein körperliches, aber auch geistiges Kommunikationsangebot gemacht. Dies ermöglicht einen Austausch *(kokyu)* zwischen Tori und Uke.

Vorausgesetzt wird damit allerdings auch, dass Uke in der Lage ist, diese Möglichkeit zu erkennen. Verweigert er das Kommunikationsangebot von Tori, kann er durch die Aikido-Techniken verletzt werden. Aikido basiert demnach auch auf Abschreckung und Einsicht.

Uke gibt bei seinem Angriff der Bewegung nach, da Tori ihn sonst verletzen würde.

Je höher das Niveau von Tori ist, desto mehr kann er auf potenzielle Sanktionsmöglichkeiten innerhalb der Aikido-Techniken verzichten, da er die Distanz und die Bewegungen von Uke auch dann kontrolliert, wenn dieser nicht zu einem Austausch bereit ist.

Grundsätzlich lassen sich die Aikido-Techniken also als Techniken charakterisieren, die dazu entwickelt wurden, mit einem Gegenüber in Kommunikation zu treten. Sie sind hingegen nicht dafür gemacht, mit einem Angreifer zu kämpfen. In den Aikido-Techniken manifestiert sich diese Idee. Als Bewegungsbeispiel par excellence dafür wird die Übung *kokyu ho* gezeigt.

kokyu ho

Uke greift Tori mit *katate ryote dori* (vgl. Seite 276) an. Tori versucht, mithilfe seiner Technik in das Greifen von Uke hineinzukommen, ohne dabei zu ziehen oder zu drücken.

Dafür geht er mit seinem vorderen Fuß zurück und nach außen, den hinteren Fuß setzt er nach vorne an die Stelle, an der sich der vordere Fuß zuvor befunden hat.

Mit dieser Bewegung verlässt Tori die ursprüngliche Linie zwischen ihm und Uke und steht nun etwa im 45°-Winkel zu diesem. Sein gegriffener Arm bleibt vor seiner Längsachse. Tori senkt sich ab und bringt damit seinen Schwerpunkt unter den Punkt, welchen Uke durch seinen Griff fixiert.

Jetzt kann Tori seinen Arm auf seiner Längsachse nach oben bewegen.

Wenn sein Arm über seinem Kopf angekommen ist, dreht Tori seine Hüfte, geht einen Schritt hinter Uke und schließt die Bewegung, indem er seine Hand kreisförmig von oben nach unten in Richtung seines vorderen Fußes führt.

Uke wird so aus dem Gleichgewicht gebracht und rollt rückwärts ab.

kokyu ho (zweite Form)

Dieselbe Übung kann in einer anderen Form ausgeführt werden. Uke greift wie bei der ersten Form mit *katate ryote dori* an. Tori dreht sich auf seinem vorderen Fuß um 90° rückwärts und bringt seinen gegriffenen Arm zu seinem vorderen Knie. Zeitgleich senkt er sich stark ab.

Tori bringt dann seine Hüfte noch tiefer nach unten – damit „kippt" seine gegriffene Hand nach oben.

Tori kann nun wieder seine gegriffene Hand auf seiner Längsachse nach oben bringen. Zugleich bewegt er sein hinteres Bein nach vorne.

Wenn sein Arm über seinem Kopf angekommen ist, dreht Tori seine Hüfte um ca. 180° in Richtung Uke und kann nun mit einem Gleitschritt hinter diesen gehen. Damit schließt er wieder die Bewegung, indem er seinen gegriffenen Arm kreisförmig von oben nach unten führt.

Uke wird so aus dem Gleichgewicht gebracht und rollt rückwärts ab.

6.4   Keine Öffnungen zulassen

Ein Grundprinzip jeder Kampfkunst ist es, keine Öffnung zuzulassen, die Uke für einen Angriff nutzen kann. Im Aikido bedeutet dies allerdings zunächst, dass – in der Erwartung eines Angriffs – die Position von Tori geöffnet ist. Je länger der Angriff von Uke dauert, desto mehr schließt Tori seine Position, indem er den Winkel zwischen sich und Uke zunehmend kontrolliert. Auf Grund dieser Idee gibt es im Aikido keine geschlossene „Kampfstellung" schon zu Beginn einer Technik.

Im Moment, in dem Uke ihn erreicht, ist die Position von Tori vollständig geschlossen. Während seiner weiteren Bewegung ist Tori dann bestrebt, keine neue Öffnung in seiner Position mehr zuzulassen. Deshalb gibt es im Idealfall keinen zweiten Angriff von Uke, da dieser unmittelbar nach dem ersten Kontakt mit Tori von diesem kontrolliert wird.

Im folgenden Bewegungsbeispiel greift Uke mit *gyaku-hanmi katate dori* an. Tori geht einen Gleitschritt nach vorne außen. Seine gegriffene Hand bleibt dabei über seinem vorderen Fuß.

Die hintere Hand von Tori schließt sofort wieder die Position, indem sie die Längsachse von Uke kontrolliert *(atemi)*.

Hierdurch wird Uke für einen kurzen Moment fixiert. Die Distanz zwischen Tori und Uke ist so beschaffen, dass Tori Uke treffen könnte. Damit entsteht eine glaubwürdige Bewegung. Ist die Position von Tori korrekt, kann Uke ihn mit seiner freien Hand nicht erreichen.

Derselbe Eingang kann auf einem höheren Niveau ausgeführt werden: Uke greift dynamisch an. Tori gleitet mit seinem Körper an seinem eigenen, von Uke gefassten Handgelenk vorbei.

Sein Arm liegt an seinem Körper an, seine Handkante dreht er mit dem Vorwärtsgleiten nach unten – und zwar mit der Vorstellung, von unten nach oben zum Körper von Uke schneiden zu können. Die freie Hand kontrolliert wieder die Längsachse von Uke an dessen Hals.

Uke lässt seinen Arm gestreckt, denn würde er ihn einbeugen, könnte Tori ihn mit der freien Hand erreichen. Gleichzeitig kontrolliert Uke über sein Greifen die andere Hand von Tori.

6.5   Mit Achsen und Winkeln arbeiten

In allen Aikido-Techniken wird mit der Vorstellung von Achsen und Winkeln gearbeitet. Innerhalb dieses Vorstellungsbildes haben Tori und Uke eine eigene Längsachse mit einem Zentrum *(hara)*. Außerdem gibt es einen Winkel, in dem Tori und Uke zueinander stehen (dieser beträgt in der Ausgangsposition in der Regel 0°-45°), sowie eine Rotationsachse.

Aus der Vogelperspektive sieht dieses Vorstellungsbild folgendermaßen aus:

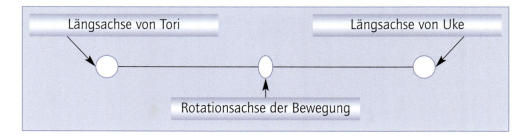

Tori bewegt sich immer in Bezug zur Längsachse von Uke (also nicht nur in Bezug zu seinem Arm oder Handgelenk) und versucht, den Winkel zwischen ihm und Uke zu kontrollieren. Gleichzeitig muss Tori die exakten Rotationsachsen für die Techniken finden.

Dieses Prinzip wird durch folgendes Bewegungsbeispiel verdeutlicht: Uke greift mit *ai-hanmi katate dori* an. Tori und Uke haben beide eine Längsachse mit einem Zentrum. Die Achse der Bewegung befindet sich am Griff von Uke.

Nachdem Tori sich von dem Griff befreit hat (vgl. Seite 71), kann er sich mit *tai-sabaki* um die Achse am Griff von Uke drehen.

In diesem Beispiel ist das Fixieren der Drehachse relativ einfach, da Uke sich nicht bewegt. Die Herausforderung besteht nun darin, die exakte Drehachse auch bei dynamischen Angriffen sofort und präzise zu finden. Nur so lassen sich ziehende und drückende Bewegungen vermeiden.

Im zweiten Beispiel stehen sich Tori und Uke auf einer Linie gegenüber.

Uke greift mit *shomen uchi* an. Tori gleitet nach vorne außen aus der Angiffslinie von Uke heraus, sein vorderer Arm bewegt sich dabei auf seiner Längsachse nach oben. Der Kontakt mit Uke entsteht an dessen Ellbogen. Die Hand von Tori gleitet am Unterarm von Uke nach oben, während seine andere Hand den Ellbogen von Uke greift.

Detail der Fußposition

Tori hat sich durch diesen Eingang so bewegt, dass die Linie zwischen seinen Füßen jetzt auf die Längsachse von Uke zeigt. Mit anderen Worten: Tori ist auf Uke ausgerichtet und kann so effektiv weiterarbeiten.

Für Uke wird es schwierig, seinen Arm wegzubewegen, da er ansonsten Gefahr läuft, von der oberen Hand von Tori getroffen zu werden. Der Winkel zwischen Tori und Uke beträgt ca. 45°.

6.6   Reine und ökonomische Bewegungen erlernen

Do bedeutet Weg. Damit ist die (fernöstliche) Idee gemeint, über die Technik als Methode an sich selbst zu arbeiten (vgl. Kap. 1).

Die Technik wird jedoch nur dann zur Methode oder zum Werkzeug für eine sogenannte innere Arbeit, wenn sie mit dem Ziel geübt wird, die Technik selbst zu perfektionieren. Eine Beliebigkeit in den Bewegungen würde dem Gedanken des *do* deshalb entgegenstehen.

Die ideale Technik ist ein Bewegungsablauf, der so ökonomisch wie möglich erfolgt und bei dem folglich alles Überflüssige – also all das, was zur Ausführung dieser Technik nicht wirklich erforderlich ist – weggelassen wird. In diesem Sinne ist die Technik dann eine „reine" Technik.

Aus dieser Überlegung heraus ergibt sich folgendes Paradox: Je einfacher eine Bewegung ist, desto schwieriger ist es, sie durchzuführen – denn es wird immer anspruchsvoller, solch eine Technik noch weiter zu verbessern. Aikido bietet damit eine langjährige, spannende Entwicklungsmöglichkeit.

Als Beispiel für dieses Prinzip wird die nachstehende Bewegung gezeigt: Uke greift *chudan tsuki* an. Tori geht mit einem Gleitschritt vorwärts am Schlag von Uke vorbei – und zwar in dem Moment, in dem Uke ihn zu treffen glaubt. Mit dieser Vorwärtsbewegung hebt Tori seine vordere Hand ohne die geringste Ausholbewegung in einer direkten Linie seitlich zum Kopf von Uke.

Uke sieht diese „reine" Bewegung von Tori erst im letzten Moment und kann sie nicht mehr blockieren.

Tori bringt seinen vorderen Arm nun kreisförmig nach unten und schließt so die Bewegung. Uke wird aus dem Gleichgewicht gebracht und rollt rückwärts ab.

233

6.7   Seine Integrität schützen und die des Angreifers wahren

Allen Aikido-Techniken ist gemeinsam, dass sie zum Ziel haben, die Integrität von Tori zu erhalten. Das bedeutet: Tori wird nicht vom Angriff getroffen, sondern kann sich – dank seiner Technik – schützen.

Im Gegensatz zu anderen Kampfkünsten oder -sportarten legt Aikido außerdem Wert darauf, dass die Integrität von Uke so weit wie möglich gewahrt bleibt. Dies gelingt, wenn Tori seine Abwehrtechnik angemessen einsetzt und bemüht ist, Uke nicht zu verletzen bzw. ihn nur dann zu verletzen, wenn dies auf Grund seines Verhaltens nicht mehr anders möglich ist. Diese Idee ist wiederum als konzeptioneller Hintergrund für das Üben zu verstehen.

Die Integrität des Angreifers zu schützen, bedeutet für Tori darüber hinaus, sich so zu verhalten, dass Uke nicht durch sein Handeln provoziert wird. Dies verdeutlicht noch einmal, warum es im Aikido keinen Wettkampf geben kann: Würde Tori zuerst angreifen, bliebe das Prinzip der Integrität unberücksichtigt.

Als Bewegungsbeispiel zur Veranschaulichung dieses Prinzips: Uke greift *men uchi* (vgl. Seite 281) an.

Tori nimmt diesen Angriff mit seiner vorderen Hand auf, gleitet dann mit einem Schritt vorwärts am Kontaktpunkt vorbei und fixiert mit der freien Hand die Schulter von Uke.

Beide beachten nun den Kontaktpunkt an ihren Händen. Würde Uke den Kontaktpunkt quittieren, liefe er Gefahr, von der Hand des Tori im Gesicht getroffen zu werden. Gleichzeitig kontrolliert aber auch Tori den Arm von Uke, damit dieser ihn nicht erneut angreifen kann.

Tori ist in dieser Position vor dem Angriff von Uke geschützt – seine Integrität ist gewahrt. Zugleich gibt Tori Uke die Chance zu verstehen, was in dieser Bewegung passiert, ohne ihn sofort zu verletzen – so bleibt auch die Integrität von Uke erhalten.

6.8   Absicht, Entscheidung und Aktion - ki-ken-tai

Ein Ziel des Aikido-Trainings ist es, Körper und Geist in Einklang zu bringen. Was bedeutet das?

Wird Tori angegriffen, kann er die Absicht haben, dem Angriff von Uke in einer bestimmten Art und Weise (durch seine Technik) zu begegnen. Diese Absicht muss im richtigen Verhältnis zu seinen Fähigkeiten stehen. Schätzt Tori seine Möglichkeiten, z. B. auf Grund mangelnder Erfahrung, falsch ein, bleibt die Umsetzung der Absicht unerreichbar.

Tori kann ein bestimmtes Handeln bereits beabsichtigen, ohne entschieden zu haben, wann die Aktion (also die Bewegung) erfolgen soll. Hier kommt es für Tori darauf an, den richtigen Zeitpunkt zu finden. Ist aus der realistischen Absicht von Tori eine Entscheidung zum Handeln im richtigen Moment geworden, folgt die Aktion des Körpers.

Körper und Geist sind also genau dann im Einklang, wenn diese drei Elemente – Absicht, Entscheidung und Bewegung – im richtigen Moment stimmig aufeinanderfolgen. Deshalb wird z. B. eine Aktion von Tori, der keine wirkliche Entscheidung vorausgegangen ist, zögerlich und unentschlossen sein. Erfolgt seine Entscheidung nicht im richtigen Moment, stimmt das Timing in der Bewegung nicht. Gehen seine Absichten weit über seine Möglichkeiten hinaus, daraus auch eine Aktion werden zu lassen, bleiben diese Absichten ein Traum.

Die Hürde, Absicht, Entscheidung und Bewegung in Einklang zu bringen, wird zusätzlich dadurch erhöht, dass diese drei Momente sich nicht mit der gleichen Geschwindigkeit ausführen lassen. So sind unsere Absichten – das *ki* – nahezu unbegrenzt und schnell. Tori kann mit seinen Gedanken sofort bei Uke sein, sobald dieser angreift. Ist aus der Absicht eine Entscheidung zum Handeln geworden, beginnt die Bewegung des Körpers. Dabei können die Hände oder das Schwert von Tori – *ken* – sich schneller bewegen als der Rest des Körpers. An erster Stelle stehen also die Gedanken bzw. der Geist *(ki)*, gefolgt von der Entscheidung und den Händen oder dem Schwert *(ken)*, die sich an der Peripherie der Handlung befinden, in Koordination mit dem gesamten Körper *(tai)*.

Die Kunst besteht nun darin, diesen Ablauf *ki-ken-tai* so einzusetzen, wie dies naturgemäß möglich ist. Paradoxerweise erlernt der Anfänger im Aikido aber zunächst einen Bewegungsablauf, bei dem alle drei Elemente nur gleichzeitig zusammenwirken, damit er überhaupt eine Basisbewegung ausführen kann. Dies bedeutet, dass z. B. die Arm- oder Schwertbewegung künstlich verlangsamt wird, um mit dem Körper zu agieren, obwohl sie naturgemäß viel schneller sein könnte.

Es erfordert langjähriges Üben, um diese drei Momente der Absicht, Entscheidung und Aktion natürlich einzusetzen und den Körper so zu bewegen, dass beispielsweise die Hände schneller als der Körper sind, trotzdem aber alles stimmig zusammenwirkt.

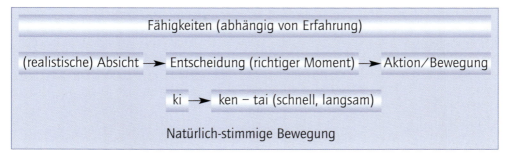

Fähigkeiten (abhängig von Erfahrung)

(realistische) Absicht → Entscheidung (richtiger Moment) → Aktion/Bewegung

ki → ken – tai (schnell, langsam)

Natürlich-stimmige Bewegung

Absicht, Entscheidung und Aktion perfekt im Einklang – Christian Tissier und Pascal Guillemin: irimi nage

„Die Neugier steht immer an erster Stelle des Problems, das gelöst werden will."

Galileo Galilei

7 Lernen im Aikido

- Wie wird im Aikido gelernt?
- Wie entsteht Bewegungsfreiheit?
- Was ist eine ideale Technik?
- Was ist eine Anwendung?

In diesem Kapitel soll es um den aikidospezifischen Lernprozess gehen. Zunächst aber einige generelle Überlegungen vorweg: Wie lernen Menschen eigentlich? Zu dieser Frage gibt es sicherlich schon einige Regalmeter an Literatur – hier ein paar Grundtatsachen, die auch für den Aikido-Unterricht interessant sind:

- Gelernt wird besonders erfolgreich dann, wenn neues Wissen an bereits Bekanntes angeknüpft werden kann. Dies spricht für eine systematische Vermittlung von Wissen und einen strukturierten Aufbau des Aikido-Unterrichts. Ein „guter" Lehrer muss also erkennen, wo der entsprechende Schüler gerade in seiner Entwicklung steht und welche Information er mit bereits bestehenden Kenntnissen verbinden kann. Weiter oben (Seite 137) wurde in diesem Zusammenhang schon von der „Zone der nächsten Entwicklung" gesprochen. Wahllos mal dies, mal jenes zu unterrichten und dem Schüler irgendwelche beliebigen Hinweise zu geben, ist also wenig Erfolg versprechend.

- Die Übenden müssen Gelegenheit zur Vertiefung, Verfestigung und Wiederholung erhalten. Neu erworbenes Wissen muss „eingeschliffen" werden. Ein schneller, unsystematischer Wechsel von Themen in einer Aikido-Stunde empfiehlt sich deshalb nicht.

- Dazu gehört auch, dass Lernen frei von Angst stattfinden muss. Die moderne Lernforschung hat festgestellt, dass gelernte Inhalte mit den Emotionen verknüpft werden, mit denen sie erlernt wurden. Mit den gelernten Inhalten tritt dann, wenn diese Inhalte genutzt werden, auch die damit verbundene Emotion wieder zutage.

  Das Gefühl der Angst und kreatives Denken, bzw. Problemlösen schließen sich gegenseitig aus. Wird also mit Angst gelernt, besteht die Gefahr, dass die erlernten Inhalte nicht intelligent und nutzbringend eingesetzt werden können.

- Besonders erfolgreich wird gelernt, wenn nicht nur Inhalte erarbeitet werden, sondern gleichzeitig reflektiert werden kann, wie und warum diese Inhalte erlernt wurden (sogenanntes metakognitives Lernen – es wird also auch über den Lernprozess selbst nachgedacht). Dies spricht für ein durchdachtes und logisch nachvollziehbares Konzept.

- Lernen findet im schmalen Grad zwischen Langeweile und Überforderung statt – der englische Fachbegriff dafür ist „Flow". Haben die Übenden das Gefühl, es wird immer wieder dasselbe gesagt und unterrichtet, tritt Langeweile auf. Überfordern die gewählten Themen und sind sie zu schwierig, nehmen das persönliche Interesse und der emotionale Zugang ebenfalls ab.

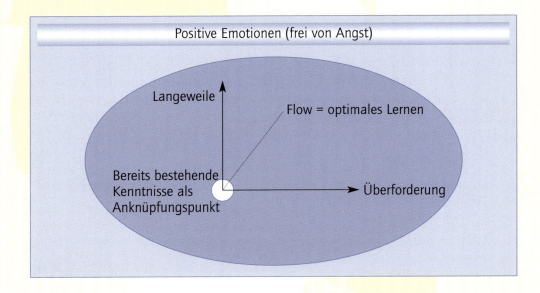

Zum Weiterlesen:
Csikszentmihalyi, M. & Jackson S. (2000). *Flow im Sport*. München: BLV.
Hannaford, C. (2001). *Bewegung, das Tor zum Lernen*. Kirchzarten: VAK.
Pramling, S. & Asplund, C. (2008). *Spielend lernen*. Troisdorf: BV1.
Vester, F. (1998). *Denken, Lernen, Vergessen*. München: DTV.

Christian Tissier und Bodo Rödel: ikkyo ura

7.1   Die drei Lernphasen im Aikido

Alle Aikido-Basistechniken folgen genau festgelegten Bewegungen, die der *Aikido-ka* erlernen muss. Hand- und Fußbewegungen sind nicht beliebig und variieren nur leicht hinsichtlich der körperlichen Merkmale der Übungspartner. So wird sich ein sehr großer *Aikido-ka* natürlich etwas anders bewegen als jemand, der eher klein ist.

Das Erlernen der Techniken folgt dabei idealerweise immer folgendem Ablauf:

Begonnen wird mit einer statischen Konstruktion der Techniken. Es gibt wenig oder keine Dynamik. Uke verhält sich weitestgehend passiv – er ist der statische Bezugspunkt für die Bewegungen von Tori. Dieser erlernt die genaue Hand- und Fußbewegung aus einer statischen Ausgangsposition. Er führt einen Großteil der Bewegungen aus, Uke bewegt sich hingegen kaum.

Im nächsten Schritt werden die Techniken dynamischer, indem Uke und Tori beginnen, sich miteinander zu bewegen. In dieser Phase führen beide etwa 50 % der Bewegung aus. Uke greift dynamisch an. Dafür sollte die Distanz zwischen Uke und Tori so groß sein, dass Uke für seinen Angriff einen Schritt vorwärts gehen muss. Beide lernen so im Miteinander-Gegeneinander konstruktiv die Aikido-Techniken. Gleichzeitig entwickelt sich ein Gefühl für fließende und harmonische Bewegungen ohne Pausen. Ebenso entsteht ein Gefühl für die richtige Distanz zueinander. Uke und Tori verbessern sich also gemeinsam und lernen die Aikido-Prinzipien kennen, um sie schließlich zu verinnerlichen.

Die dritte Phase ist das Gegenteil der ersten: Tori wird zunehmend zum Zentrum in der Bewegung. Er führt Uke um dieses Zentrum herum. Bewegt sich Uke in der ersten Lernphase weniger als Tori, so sind die Bewegungsanteile jetzt anders gewichtet. Dies setzt natürlich ein hohes Niveau von Tori voraus, auf welchem er die Aikido-Prinzipien verinnerlicht hat.

Im Training taucht die Unterscheidung der drei Lernphasen natürlich so idealtypisch nicht auf. Anfänger bewegen sich manchmal schon dynamisch, obwohl sie die Bewegungen kaum in der Statik ausführen können. Fortgeschrittene bewegen sich langsam-statisch, um ihre Technik auf Korrektheit zu überprüfen und Details zu verbessern. Trotzdem stellt diese Unterscheidung den konzeptionellen Hintergrund des Aikido dar. Für den *Aikido-ka* ist es in jeder Lernphase wichtig, sich zu vergegenwärtigen, was er gerade übt, warum manche Bewegungen statisch, andere hingegen dynamisch sind und wie sich die Techniken dadurch verändern.

7.2　Aikido als zunehmende Bewegungsfreiheit

Aikido wird zunächst anhand festgelegter Bewegungsformen erlernt. Der japanische Begriff dafür ist *kata*. Indem der *Aikido-ka* die Hand- und Fußbewegungen übt und zu Bewegungsroutinen werden lässt, verinnerlicht er die einzelnen Techniken. Letztendlich dienen die *kyu*-Prüfungen (vgl. Kap. 9.3) genau diesem Zweck: das Aikido-System zu verstehen und Schritt für Schritt die einzelnen Techniken zu erlernen, um damit die dahinter liegenden Prinzipien zu entdecken.

Danach erfolgt die Arbeit mit den Techniken: die sogenannte *Konstruktionsarbeit* oder *Arbeit an der Konstruktion* (vgl. Kap. 4). Die Techniken werden dazu eingesetzt, den eigenen Körper in aikidospezifischer Art und Weise zu „erbauen". Das Wechselspiel von Tori und Uke lässt sich sinngemäß auch als ein Austausch von Fragen und Antworten charakterisieren: Wie stabil sind die Arme, wenn Uke wirklich zuschlägt? Wie stabil ist die eigene Position, wenn Uke stark angreift? Ist es möglich, Uke wirklich anzuhalten, zu führen, zu werfen? Hat der *Aikido-ka* also vielleicht zunächst noch Angst vor einem Schlag, erlaubt ihm die Konstruktionsarbeit – dank der Technik –, zunehmend an Sicherheit zu gewinnen, also angstfrei in einer Bewegung zu arbeiten. Wie oben angedeutet wurde, ist diese Angstfreiheit eine wichtige Grundvoraussetzung dafür, das eigene Wissen sinnvoll anwenden zu können.

Das Gefühl für eine stabile Position wird so erarbeitet und der *Aikido-ka* lernt, diese einzusetzen, um Uke in Bewegung zu bringen. Gleichzeitig verinnerlicht er weiter die Prinzipien des Aikido. Setzt man diesen Lernprozess zum besseren Verständnis wieder in ein Verhältnis zu Prüfungen, ist dies die Arbeit des 1. bis hin zum 4. *dan* (vgl. Kap. 9.3).

Übt Tori bis dahin immer noch in den festgelegten Bewegungsabläufen der Basistechniken *(kata)*, so hat er im Idealfall nun alle Voraussetzungen, um die festgelegten Bewegungsabläufe hinter sich zu lassen und Freiheit in seinen Bewegungen zu entwickeln. Das bedeutet, dass er seine Aikido-Techniken auch dann anwenden kann, wenn er mit einem Partner übt, der sich nicht an die Verabredungen hält, die für das Erlernen der *kata* notwendig sind (vgl. Kap. 8.2). Idealerweise platziert sich Tori in der Bewegung direkt und in einer Art und Weise, die Uke keinerlei Information liefert, sodass die Technik theoretisch bereits beendet ist, ohne dass Uke dies bemerkt.

Hier wird wieder ein Charakteristikum des Aikido deutlich: Effektivität im Aikido bedeutet nicht, dem Angriff und damit der Kraftentfaltung von Uke die eigene Kraft entgegenzusetzen, sondern ihn durch eine reine und alle Prinzipien des Aikido enthaltende Technik zu beenden. Der Angriff von Uke läuft ins Leere, da er auf keinen Widerstand stößt, an dem er sich entfalten könnte.

Natürlich ist diese Entwicklung von formaler *kata* hin zur freien Bewegung in der Realität genauso wenig in einer strikten Reihenfolge zu entdecken wie die drei skizzierten Lernphasen – sie stellt vielmehr die idealtypische Abfolge dar und ist als Konzeption der Hintergrund für das Aikido-Training.

7.3   Ideale Technik und Anwendung

Um das Aikido tief greifend zu verstehen, ist die Unterscheidung zwischen dem Erlernen einer idealen Technik und der Anwendung von Aikido-Techniken von besonderer Bedeutung.

Im Lernprozess versucht der *Aikido-ka*, die Techniken derart zu verbessern, dass alle Prinzipien des Aikido in ihrer Gesamtheit berücksichtigt werden. Per Definition ist leider das Erreichen einer vollkommenen Technik im Aikido niemals möglich, denn in der Ausführung treten immer wieder neue Fehler auf. Da es sich nicht um eine reale Kampfsituation handelt, hat der *Aikido-ka* jedoch bei jeder Bewegung erneut die Chance, bereits unterlaufene und erkannte Fehler zu vermeiden und sich so langsam zu verbessern. Mit der Zeit macht er immer weniger Fehler und schreitet langsam in seinen Bemühungen, sich einer idealen Technik anzunähern, voran.

Dem Lernprozess im Rahmen der Konstruktionsarbeit liegen bestimmte Verabredungen zwischen Uke und Tori zugrunde (vgl. Kap. 8.2). Uke unterstützt Tori durch das Einhalten dieser Verabredungen darin, die Techniken zu erlernen und die Prinzipien zu entdecken.

Dieser konstruktive Charakter der Verabredungen verdeutlicht noch einmal, dass die Grundtechniken im Aikido nicht wirksam im Sinne einer realistischen Anwendung sind – sie sind nicht dafür gemacht, um gegen Uke zu agieren. Ihr Sinn und Zweck liegt einzig und allein darin, Tori seinen Lernprozess zu ermöglichen. Erst wenn Tori in seiner Entwicklung so weit fortgeschritten ist, dass er die Prinzipien des Aikido umfassend anwenden kann, ist ein realitätsbezogener Einsatz der Aikido-Techniken möglich. Tori ist bei der Ausführung dieser Techniken dann nicht mehr auf eine konstruktive Mitarbeit von Uke angewiesen (weitere zum Thema Anwendungen siehe Kap. 7.5).

7.4   Bewegungsbeispiele

Nachfolgend werden zwei Bewegungsbeispiele gezeigt, um die vorangegangenen Ausführungen zu veranschaulichen. Dafür werden die Techniken jeweils in ihrer statischen Form erläutert (erste Lernphase), dann in der Form, in der Uke und Tori sich miteinander bewegen (zweite Lernphase) und schließlich in einer Form, in der Tori das Zentrum in der Bewegung ist und Uke um dieses herum bewegt wird (dritte Lernphase).

gyaku-hanmi katate dori ikkyo omote waza

Erste Phase: Uke und Tori stehen sich spiegelsymmetrisch gegenüber. Beide befinden sich in einer stabilen Ausgangsposition, das vordere Knie ist gebeugt, der Oberkörper aufrecht. Uke greift das Handgelenk von Tori.

Tori bringt seine Füße nach vorne und zusammen und kontrolliert mit der freien Hand die Distanz zu Uke (vgl. Kap. 2.2). Die Knie bleiben gebeugt, d. h., Tori kommt bei dieser Bewegung nicht nach oben. Uke bewegt sich nicht, er zieht und drückt nicht, sondern ist lediglich der Bezugspunkt für die Bewegung von Tori.

Dieser stellt jetzt sein anderes Bein nach hinten. Gleichzeitig bewegt er seinen freien Arm auf den Ellbogen von Uke. Dabei zieht er Uke nicht nach hinten und damit zu sich heran, sondern bringt Uke vielmehr durch die Bewegung etwas nach unten, um ihn zu fixieren. Uke gibt diesem Impuls nach und korrigiert die Distanz zu Tori mit seinem vorderen Fuß. Er senkt sich ab, damit sein Oberkörper möglichst aufrecht bleiben kann.

Die von Uke gegriffene Hand hat sich nicht bewegt und zeigt zum Gesicht von Uke. Tori lässt diese Hand jetzt nach unten fallen und greift zeitgleich mit der anderen Hand den Handrücken von Uke.

Diese Hand bewegt Tori kreisförmig nach oben, während er mit der anderen Hand direkt den Ellbogen von Uke greift.

Tori geht einen Schritt vorwärts, bringt seine Hände kreisförmig nach unten und schließt hierdurch die Bewegung. Der Oberkörper von Uke wird abgebeugt. Tori kann Uke jetzt über seinen Griff an Ellbogen und Handgelenk bzw. Handrücken kontrollieren, indem er dessen Schulter fixiert.

Dann geht Tori einen Schritt nach vorne außen und bringt die Schulter von Uke auf den Boden.

Um Uke zu kontrollieren, kniet Tori sich hin. Sein inneres Knie liegt an der Schulter, sein äußeres am Handgelenk von Uke. Seine Zehen sind aufgestellt, sein Gesäß ruht auf den Fersen.

Zweite Phase: Tori und Uke führen jeweils etwa 50 % der Bewegung aus – der Ablauf wird also dynamischer. Uke greift mit einem Schritt vorwärts an und fasst wieder das Handgelenk von Tori.

Dieser geht zeitgleich einen Schritt nach vorne, dabei kontrolliert seine hintere Hand die Distanz zu Uke. Die Hand bewegt sich aber nicht mehr vollständig bis zum Gesicht von Uke. Sie hält vielmehr in einer Position an, aus der sie mit der sich anschließenden Rückwärtsdrehung von Tori den Ellbogen von Uke so bewegen kann, dass dieser in ein Ungleichgewicht gerät.

Tori hat jetzt also die gleiche Fußbewegung ausgeführt wie in der ersten Phase: Die Körperseiten wurden ausgetauscht. Er ist dabei jedoch einen vollständigen Schritt nach vorne gegangen und hat sich rückwärts gedreht – *tai-sabaki* (vgl. Kap. 2.5).

Die gleiche Position um 90° gedreht:

Uke folgt der Bewegung von Tori, indem er mit seinem vorderen Fuß die Distanz korrigiert. Das hintere Bein dreht nach. Uke richtet sich so in Bezug zu Tori wieder aus, um seinen Angriff fortzusetzen.

Bevor diese Bewegung zum Stillstand kommt, fasst Tori mit seiner freien Hand den Handrücken bzw. das Handgelenk von Uke. Er bewegt diese Hand kreisförmig nach oben, während seine andere Hand den Ellbogen von Uke greift.

Uke orientiert sich weiter zu Tori hin mit der Idee, diesen mit seiner freien Hand zu erreichen. Tori geht einen Schritt vorwärts und bringt seine Hände kreisförmig nach unten. Damit schließt er die Bewegung.

Uke wird dabei aus dem Gleichgewicht gebracht und berührt deshalb mit seiner freien Hand die Matte, während sein vorderer Fuß sich nach oben bewegt, um das Ungleichgewicht zu kompensieren.

Tori kontrolliert Uke jetzt über seinen Griff an dessen Arm und fixiert so seine Schulter. Bevor sich Uke wieder vollständig stabilisieren kann, geht Tori einen Schritt weiter nach vorne außen und bringt die Schulter von Uke auf den Boden.

Um Uke zu kontrollieren, kniet sich Tori hin. Sein inneres Knie befindet sich an der Schulter, sein äußeres am Handgelenk von Uke. Seine Zehen sind aufgestellt, sein Gesäß ruht auf den Fersen (s. o.).

Dritte Phase: Tori als Zentrum der Bewegung führt Uke um sich herum. Uke greift wieder mit einem Schritt *gyaku hanmi katate dori* an. Dieses Mal geht Tori einen Schritt rückwärts – auch hier werden also die Körperseiten ausgetauscht.

Mit der Rückwärtsbewegung hebt Tori seinen von Uke gegriffenen Arm etwas nach oben. Zugleich fasst er mit der freien Hand den Handrücken bzw. das Handgelenk von Uke.

Tori bringt den Handrücken von Uke in dessen eigener Vorwärtsbewegung an seine Schulter und erzeugt so einen Hebel am Handgelenk von Uke.

Tori kann jetzt durch seinen Griff an Handgelenk und Ellbogen von Uke diesen kontrollieren und *ikkyo* ausführen.

gyaku-hanmi katate dori soto kaiten nage

Zunächst wird wieder die **erste**, statische **Lernphase** dargestellt: Uke greift mit *gyaku-hanmi katate dori* an.

Tori geht einen Gleitschritt vorwärts und dreht dann um 90° nach außen. Zeitgleich bewegt er seine gegriffene Hand zu seinem vorderen Knie. Tori und Uke senken sich beide ab, ihre Oberkörper bleiben möglichst aufrecht.

Ohne am Griff von Uke zu ziehen, bewegt Tori sein vorderes Bein zurück und sein hinteres nach vorne – dabei dreht er sich um ca. 90°. So gelangt seine gegriffene Hand zu seiner gegenüberliegenden Hüfte.

Tori geht einen Gleitschritt hinter Uke, dann einen Schritt vorwärts. Mit diesem Schritt bewegt er seine gegriffene Hand zur Hüfte von Uke und dreht um diese Achse um 180° rückwärts *(tai-sabaki)*.

Uke wird so aus dem Gleichgewicht gebracht. Er folgt der Bewegung von Tori, um nicht von dessen Knien am Kopf getroffen zu werden. Die gegriffene Hand von Tori bewegt sich von hinten nach vorne in Richtung des Körpers von Uke, um ihn mit einer weiteren Hüftdrehung *(tai no henka)* zu werfen.

Zweite Phase: Tori und Uke führen wieder jeweils 50 % der Bewegung aus. Uke greift dynamisch mit einem Schritt vorwärts *gyaku-hanmi katate dori* an.

Tori geht einen Gleitschritt vorwärts und nach außen. Uke fasst die Hand von Tori – dieser verlängert die Bewegung nach außen unten, indem er seine Knie stark einbeugt. Seine freie Hand kontrolliert die Distanz zu Uke.

Tori kontrolliert schließlich den Kopf von Uke. Durch die seitliche Abwärtsbewegung von Tori wird Uke aus dem Gleichgewicht gebracht. Zeitgleich geht Tori einen Schritt hinter Uke.

Dieselbe Position um 180° gedreht.

Tori geht jetzt noch einen Schritt hinter Uke und fixiert mit seiner gegriffenen Hand die Drehachse an der Hüfte von Uke.

Dann dreht Tori um diese Achse um 180° rückwärts *(tai-sabaki)* und bewegt seine gegriffene Hand mit einer weiteren Drehung der Hüfte *(tai no henka)* zum Körper von Uke. Dieser wird so aus dem Gleichgewicht gebracht, folgt der Bewegung und rollt nach vorne ab.

Dritte Phase: Uke bewegt sich jetzt mehr als Tori. Uke greift dynamisch mit einem Schritt vorwärts *chudan tsuki* an. Tori geht zur selben Zeit mit einem Gleitschritt nach vorne außen. Seine vordere Hand bewegt sich zum Arm von Uke und gleitet an dessen Ellbogen vorbei, ohne den Angriff zu stoppen (aber mit der Möglichkeit, Uke anzuhalten).

Die hintere Hand von Tori kontrolliert die Distanz zu Uke und bewegt sich schließlich am Kopf von Uke vorbei hinter diesen.

Tori steht nun durch seine eigene Vorwärtsbewegung und den Angriff von Uke in dessen Rücken und hat diverse Möglichkeiten zu agieren.

7.5   Anwendungen

Alle Basistechniken im Aikido sollen dazu führen, die Prinzipien des Aikido zu verinnerlichen (vgl. Kap. 6). An den oben dargestellten Techniken wird noch einmal deutlich, dass sie, insbesondere in der ersten und zweiten Lernphase, nicht darauf ausgerichtet sind, gegen einen realistischen Angriff als Selbstverteidigungstechniken zu funktionieren. Dafür wären sie viel zu langsam und ihr Bewegungsradius zu groß. Vielmehr stellt Uke das konstruktive Hindernis für Tori dar, um sinnvoll lernen zu können. Grundsätzlich verhält sich Uke dabei neutral und akzeptiert die Bewegungen von Tori. Diese Techniken sind also für Tori gemacht und nicht gegen Uke.

Erst wenn Tori in seinem Lernprozess so weit fortgeschritten ist, dass er die Prinzipien verinnerlicht hat, kann er diese auch anwenden. Die Aikido-Techniken werden dann so modifiziert, dass ein konstruktives Verhalten von Uke zwar wünschenswert, aber nicht mehr unbedingt notwendige Voraussetzung dafür ist, dass Tori eine Bewegung durchführen kann.

Der Lernprozess im Aikido stellt sich also zusammenfassend folgendermaßen dar:

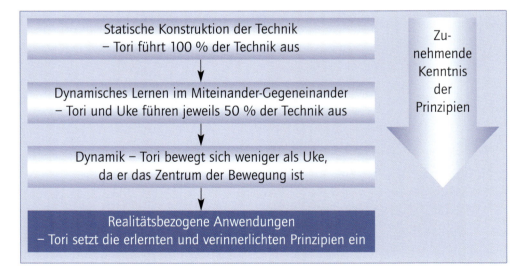

Es sei noch einmal darauf hingewiesen, dass dieser Ablauf der konzeptionelle Hintergrund für einen interessanten Aikido-Unterricht sein sollte. Im täglichen Training wird solch eine deutliche Trennung nicht vollzogen und erscheint auch wenig sinnvoll. Vielmehr üben Anfänger zum Teil schon fortgeschrittene Bewegungen, um mit ihnen langsam vertraut zu werden. Fortgeschrittene üben wieder die statische Konstruktion, damit sie ihre Bewegungen überprüfen können.

In Bezug auf die unter 7.4 gezeigten Techniken ergeben sich dann beispielsweise folgende Anwendungen:

mae geri ikkyo omote waza

Uke greift Tori mit *mae geri* (Fußtritt zum Bauch – vgl. Seite 283) an. Die Fußposition dabei ist *gyaku-hanmi*.

Tori geht einen Schritt vorwärts und gleitet in dem Moment am Tritt von Uke vorbei, wenn dieser Tori zu treffen glaubt. Mit seiner vorderen Hand kontrolliert er dabei den Fuß von Uke. Sie bewegt sich von oben nach unten und schützt so die Längsachse von Tori.

Die freie Hand von Tori bewegt sich zeitgleich von oben nach unten zum Kopf von Uke. Die Idee dabei ist weniger, Uke zu schlagen, als vielmehr, ihn dazu zu bringen, sich selbst zu schützen und mit seiner Hand den Kontakt herzustellen.

Nachdem dies geschehen ist, greift Tori mit der anderen Hand den Ellbogen von Uke, geht einen Schritt vorwärts und bewegt seine Hände kreisförmig nach unten. So beginnt er Uke zu kontrollieren *(ikkyo)*.

Tori fixiert nun die Schulter von Uke. Er geht weiter einen Schritt nach vorne außen und bringt die Schulter von Uke auf den Boden. Um Uke festzuhalten, kniet sich Tori hin. Sein inneres Knie liegt an der Schulter, sein äußeres am Handgelenk von Uke. Seine Zehen sind aufgestellt, das Gesäß ruht auf den Fersen.

mae geri ikkyo ura waza

Uke greift wieder mit *mae geri* an. Tori geht einen Gleitschritt vorwärts. Er gleitet in dem Moment am Tritt von Uke vorbei, in dem Uke Tori zu treffen glaubt. Die vordere Hand von Tori kontrolliert dabei seitlich den Tritt von Uke. Gleichzeitig bewegt sich die hintere Hand von Uke zum Kopf von Tori. Wie bereits bei *ikkyo omote* erklärt, geschieht dies weniger mit der Idee, Uke zu schlagen, als vielmehr mit der Vorstellung, Uke dazu zu bringen, sich zu schützen und den Kontakt zu suchen.

Im Moment des Kontakts dreht Tori sich auf seinem vorderen Fuß rückwärts und greift mit der freien Hand den Ellbogen von Uke.

Über seinen Griff am Arm von Uke bringt Tori dessen Schulter kreisförmig auf den Boden (*ikkyo ura* – vgl. Seite 140).

Um Uke zu kontrollieren, kniet sich Tori hin. Sein inneres Knie befindet sich an der Schulter, sein äußeres am Handgelenk von Uke. Die Zehen sind aufgestellt, das Gesäß ruht auf den Fersen.

Entscheidend bei beiden Bewegungen ist das richtige Timing – Tori zwingt Uke seine Technik auf, bevor dieser die Gelegenheit zu einem zweiten Angriff hat.

jodan tsuki soto kaiten nage

Uke greift mit *jodan tsuki* an, die Fußstellung dabei ist *gyaku-hanmi*.

Im Moment, in dem Uke mit seiner Vorwärtsbewegung beginnt, startet auch Tori mit einem Schritt nach vorne. Seine vordere Hand schützt dabei seine Längsachse, ohne die Schlagrichtung von Uke zu verändern.

Seine hintere Hand kontrolliert die Längsachse von Uke in einer fließenden Bewegung von oben nach unten. Tori gleitet bei dieser Bewegung weiter vorwärts.

261

Tori steht nun günstig positioniert in Bezug zu Uke und hat alle Möglichkeiten zu agieren.

Diese Bewegung verdeutlicht noch einmal eine Grundidee im Aikido: Je stärker der Angriff ist, desto einfacher ist es für Tori zu agieren, da die Kraft des Angriffs nicht mit Kraft beantwortet wird, sondern mit Ausweichen, Timing und Kontrolle der Distanz.

mawashi geri soto kaiten nage

Uke greift mit *mawashi geri* (Fußtritt zur Kopfseite – vgl. Seite 285) an. Sobald Uke mit seinem Tritt beginnt, geht Tori einen Schritt vorwärts. Seine hintere Hand schützt dabei seine Kopfseite. Ist das Timing korrekt, wird Uke ihn aber nicht treffen.

Die andere Hand von Tori kontrolliert in einer fließenden Bewegung von oben nach unten die Längsachse von Uke. Tori verlängert seine Vorwärtsbewegung mit einem Gleitschritt weiter nach vorne.

Die Eingangsbewegung um 180° gedreht.

Tori steht jetzt in Bezug zu Uke günstig positioniert und hat alle Bewegungsmöglichkeiten.

7.6 Mit Prioritäten arbeiten

Eine große Herausforderung im Aikido liegt darin, die Prioritäten in den einzelnen Bewegungen zu erkennen, diese zu beachten und die damit verbundenen Schwierigkeiten hinter sich zu lassen und nicht jedes Mal neu zu reproduzieren. Wie ist das gemeint?

Greift Uke z. B. mit einem Schlag zum Kopf an, besteht der normale Reflex darin, den Schlag abzublocken. Mit der Zeit lernt der *Aikido-ka*, diesen Reflex so weit zu kontrollieren, dass er den Schlag nicht mehr anhält, sondern durch eine Aikido-Technik kontrolliert – immer noch aber ist der Umgang mit dem Schlag die Priorität in den Handlungen des *Aikido-ka*.

Mit fortgeschrittenem Üben wird es möglich, die Bedeutung, die der Kontrolle des Schlags zunächst beigemessen wird, zeitlich gesehen zu verschieben, sodass – im Bewusstsein, den Schlag ohnehin kontrollieren zu können – dieser weniger Beachtung findet. Stattdessen ist es die Längsachse von Uke, die Tori zuerst kontrolliert. Durch die Verschiebung dessen, was in einer Bewegung wirklich wichtig ist, eröffnet sich für Tori die Möglichkeit, in seiner Technik schneller und effektiver zu werden.

Eine andere Möglichkeit der Arbeit mit Prioritäten verdeutlicht folgendes Bewegungsbeispiel:

Der Einfachheit halber greift Uke hier mit *ai-hanmi katate dori* an. Zu Anfang des Aikido-Übens geht es Tori vorrangig darum, dass Uke sein Handgelenk greift (vgl. Seite 69).

Mit der Zeit lernt Tori dann, seinen Arm gerade über seinen Kopf zu heben, und zwar in dem Moment, in dem Uke das Handgelenk fasst. Damit Dynamik beim Üben entsteht, sollte Uke einen Schritt machen, um Tori zu greifen.

Mit der Aufwärtsbewegung seines Arms beginnt Tori, einen Schritt auf Uke zuzugehen *(irimi)*. Das Greifen von Uke verliert damit an Wichtigkeit – Tori hat dieses Problem für sich „gelöst", d. h., das Greifen stellt für ihn kein Hindernis mehr dafür dar, nach vorne zu gehen und in die Bewegung hineinzukommen. Wichtig wird jetzt aber der Ellbogen von Uke, da dieser für Tori potenziell gefährlich ist.

Deshalb kontrolliert Tori den Ellbogen von Uke mit seiner freien Hand. Kann Tori diese Kontrolle gut ausüben, verliert der Ellbogen für ihn an Wichtigkeit und er kann mit seinem Schritt vorwärts nicht nur an der Hand, sondern auch am Ellbogen von Uke vorbeigehen.

Nun ist es Tori möglich, an der Schulter oder am Kopf von Uke zu agieren, z. B. mit *ikkyo* oder *irimi nage*.

Die Arbeit mit Prioritäten im Aikido ist grundsätzlich eine sehr fortgeschrittene Arbeit, da sie voraussetzt, dass man für bestimmte Probleme die richtigen Lösungen finden kann. Sie ist jedoch auch für viele Fortgeschrittene eine große Herausforderung, da diese Arbeit bedeutet, bequem gewordene Lösungen hinter sich zu lassen und sich weiterzuentwickeln. So wird auch noch einmal deutlich, was die Silbe *do* in Aikido bedeutet: nämlich bestrebt zu sein, an sich und seinen Bewegungen zu arbeiten.

7.7 Den Bewegungsrhythmus verändern

Alle Aikido-Techniken folgen einem bestimmten Bewegungsrhythmus. Dieser ist zu Beginn des Übens gleichmäßig. Insbesondere Uke muss lernen, den Bewegungsrhythmus von Tori zu akzeptieren. Er darf z. B. während einer Bewegung nicht plötzlich schneller werden und Tori „überholen". Sind zunächst die Bewegungen von Tori naturgemäß sehr langsam, weil er sich noch nicht schnell bewegen kann, müssen die Bewegungen von Uke ebenfalls dementsprechend langsam sein – auch wenn er schneller als Tori sein könnte. Ansonsten ist der Lernprozess für beide unterbrochen.

Hat Tori durch sein Üben den Ablauf der Aikido-Techniken verstanden, wird es ihm möglich, mit diesem Rhythmus zu arbeiten. Das bedeutet, dass die bewusste Veränderung des Rhythmus innerhalb eines Bewegungsablaufs Bestandteil der Technik wird. In der Regel dient die Beschleunigung dazu, kritische Bewegungsphasen in einer Technik möglichst schnell hinter sich zu lassen. Auch kann durch eine Veränderung der Geschwindigkeit Uke aus seinem Gleichgewicht gebracht werden. Die absichtliche Veränderung der Geschwindigkeit kann ebenfalls dazu dienen, Uke in seiner Bewegung kurzzeitig zu fixieren.

Tori verändert z. B. den Bewegungsrhythmus bei *ushiro ryote dori ikkyo ura*, indem er mit dem Absenken beschleunigt und so ein Ungleichgewicht schafft.

Die plötzliche Beschleunigung in der Bewegung kann auch dazu dienen, Uke vorwärts zu werfen – hier mit *kokyu nage*.

„„Passen' beschreibt die Fähigkeit des Schlüssels, nicht aber das Schloss."

Ernst von Glaserfeld

8   Lernen als Uke – ukemi

- Welche Rolle spielt Uke im Aikido?

- Welche Aufgaben hat Uke in der Technik?

- Wie kann Uke angreifen?

Derjenige *Aikido-ka*, der beim Üben die Rolle des Angreifers übernimmt, heißt Uke – wenn er angreift, gibt er *ukemi*. Dieser Begriff leitet sich von dem japanischen Wort *ukeru* ab, was so viel wie „empfangen" bedeutet.

Uke empfängt also die Technik von Tori. Auch wenn sich dies zunächst sehr passiv anhört, hat Uke doch wichtige, aktive Funktionen im Aikido:

- Da die Aikido-Techniken so aufgebaut sind, dass sie nur bei einem Angriff funktionieren, gilt die Regel: kein Angriff – keine Aikido-Technik. Ohne Uke kann Tori also nicht üben.

- Durch seinen Angriff ist Uke das konstruktive Hindernis für Tori und damit das Korrektiv für seine Bewegungen. Tori kann z. B. Fehler in der Distanz erst durch das Zusammenspiel mit Uke bemerken.

- Die Kapazität in der Bewegungsmöglichkeit von Uke ist die Grenze für die Bewegungen von Tori. Hat Uke beispielsweise nicht gelernt, vorwärts zu fallen (vgl. Kap. 8.4), kann Tori ihn auch nicht vorwärts werfen, ohne ein erhebliches Verletzungsrisiko in Kauf zu nehmen.

- Die Qualität des Angriffs von Uke bestimmt die Qualität des Fortschritts von Tori. Je genauer Uke angreift, desto mehr zwingt er Tori dazu, seine Technik zu verbessern.

- Durch das Wechseln der Rollen im Aikido ist der *Aikido-ka* sowohl Uke als auch Tori, sodass er die Qualitäten, die er als Uke erlernt, auch als Tori nutzen kann.

Es ist also kein Zufall, dass die Entwicklungen, die das Aikido seit seiner Entstehung genommen hat (vgl. Kap. 9.4), sich insbesondere auf das Verständnis des *ukemi* beziehen. In einer modernen Konzeption des Aikido ist Uke beweglich und agil. Er lernt, sich als Angreifer zu positionieren und eine intelligente Rolle im wechselseitigen Austausch mit Tori einzunehmen. Seine Angriffe sind geschlossen und kompakt.

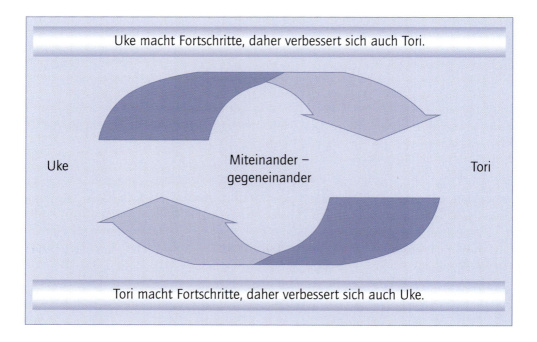

Uke macht Fortschritte, daher verbessert sich auch Tori.

Uke

Miteinander –
gegeneinander

Tori

Tori macht Fortschritte, daher verbessert sich auch Uke.

8.1 Sich richtig positionieren

Uke hat vorrangig die Aufgabe, sich unmittelbar nach seinem Angriff weiter in Bezug zu Tori zu positionieren, um seinen Angriff fortsetzen zu können und Tori das Üben seiner Technik zu ermöglichen. Hier unterscheidet sich Aikido im Prinzip nicht von anderen Kampfkünsten, -sportarten. Wer kann sich schon einen Boxer vorstellen, der nach seinem ersten Schlag passiv stehen bleibt?

Uke behält bei der Positionierungsarbeit die aikidospezifische Position bei (die Füße stehen hintereinander auf einer Linie). Auch versucht er, durch dieses Positionieren den Winkel in Bezug zu Tori zu kontrollieren. Bei seinen Bewegungen vermeidet Uke Schritte über Kreuz. Vielmehr korrigiert er immer zunächst mit einem Gleitschritt die Distanz.

Folgendes Bewegungsbeispiel soll diese Idee illustrieren:

Uke greift die Jacke von Tori auf Schulterhöhe *(kata dori)*. Tori weicht diesem Angriff aus, kurz bevor Uke richtig greifen kann. Dafür geht er einen Schritt nach vorne außen und dreht auf seinem vorderen Fuß rückwärts *(tai-sabaki)*.

Uke korrigiert seine Position in Bezug zu Tori, indem er mit dem Schritt vorwärts seinen Fuß nicht endgültig absetzt, sondern den Schritt mit einem Gleitschritt verlängert.

Uke richtet sich nun wieder so aus, dass er über sein Greifen den Winkel kontrolliert, in dem er in Bezug zu Tori steht.

Er kann den Griff benutzen, um in den Rücken von Tori zu gelangen und diesen aus dem Gleichgewicht zu bringen.

Den Kontakt halten

Mit fortgeschrittenem Üben bemüht sich Uke, nicht nur seinen Angriff weiter fortzusetzen, sondern auch den Kontakt zu Tori zu halten. Das bedeutet, dass Uke nicht unbedingt greifen muss, vielmehr kann er auch über einen Kontaktpunkt – zumeist an den Händen oder Armen – die Bewegungen mitkontrollieren. Diese „kleben" dann zusammen, sobald sie sich berühren. Uke und Tori haben dabei gleichermaßen Interesse daran, den Kontakt herzustellen, da Uke so seinen Angriff sinnvoll fortsetzen und Tori den Angriff abwehren kann, ohne Uke unnötige Schmerzen zuzufügen.

Das Kontaktgefühl kann mit einigen Übungen außerhalb der eigentlichen Techniken trainiert werden:

Erste Übung: Uke und Tori stehen sich diagonal gegenüber, die Hände sind über Kreuz, sodass die Handrücken zueinander zeigen. Die Hände kleben an den Kontaktflächen zusammen. In einer horizontalen Kreisbewegung versuchen beide, abwechselnd den Kopf des anderen zu berühren.

Zweite Übung: Uke und Tori stehen in der gleichen Ausgangsposition wie oben –, aber in einer Distanz, in der sich beide ohne eine weitere Bewegung nicht erreichen können. Tori führt Uke über den Kontakt. Dieser versucht, die Distanz und den Kontakt zu halten.

Dritte Übung: Die Handflächen liegen jetzt aufeinander. Die Hand, die oben ist, weist zum Hals des Gegenübers. Die Hand die unten ist, kontrolliert diesen Druck über den Kontakt. Über die Bewegung der oberen Hand kann nun Uke geführt werden.

8.2   Mit Verabredungen arbeiten

Wie schon mehrfach erwähnt (vgl. Kap. 7), benötigt man zum Erlernen des Aikido eindeutige Verabredungen zwischen Tori und Uke. Dies ist vergleichbar mit der Tatsache, dass zwei Personen in der Regel die gleiche Sprache sprechen müssen, um sich unterhalten zu können. Grundsätzlich gibt es solche Verabredungen in allen Kampfkünsten. Dies beginnt schon damit, dass man sich zu einer festgelegten Uhrzeit in einem *dojo* trifft, einen *gi* (Übungsanzug) trägt etc.

Im Aikido ist mit Verabredung darüber hinaus gemeint, dass Uke und Tori konstruktiv zusammen üben. Dies bedeutet insbesondere für Uke, sich z. B. in einer bestimmten Art und Weise zu positionieren (vgl. Kap. 8.1) und Tori durch sein Im-Angriff-Bleiben die Möglichkeit zu geben, die Technik auszuführen. Bei *tenkan ho* (vgl. Kap. 2.4) besteht beispielsweise die Verabredung, dass Uke es Tori über sein Greifen ermöglicht, den Kontaktpunkt an der Hand zu spüren. Nichts würde ihn in dieser Übung davon abhalten, einfach loszulassen. Die Verabredungen im Aikido folgen dabei der Logik einer Kampfkunst: Uke behält also seine Angriffsabsicht bei oder hält den Kontakt zu Tori, um die Position mitzukontrollieren usw.

Ziel des Lernprozesses von Tori ist es, immer unabhängiger von diesen Verabredungen zu werden und damit die Aikido-Techniken auch dann ausführen zu können, wenn Uke sich nicht an die Verabredungen hält. Dies setzt – wie schon mehrfach beschrieben – voraus, dass Tori ein recht hohes Niveau erreicht hat, auf dem er die Prinzipien des Aikido zur Anwendung bringen kann.

Je nach Stilrichtung im Aikido (vgl. Kap. 9.4) und der damit verbundenen Konzeption können die Verabredungen übrigens sehr unterschiedlich ausfallen. Im Rahmen der einzelnen Stilrichtungen sind diese Verabredungen dann stimmig. Im Kontext von konzeptionellen Überlegungen ist aber zu fragen, welche Art von Verabredungen welche Entwicklungsperspektiven mit sich bringen. Dabei entstehen ganz unterschiedliche Möglichkeiten.

8.3   Korrekt angreifen

Im Aikido wird mit einer Vielzahl von unterschiedlichen Angriffen geübt: von vorne und von hinten greifen, mit der Faust und mit der Handkante schlagen und natürlich auch treten. Die Idee dabei ist, ein möglichst breites Bewegungsspektrum kennen zu lernen. Damit lernt der *Aikido-ka*, die Prinzipien des Aikido in ganz unterschiedlichen Situationen beizubehalten und einzusetzen.

Manchmal kommt es bezüglich der Angriffe im Aikido leider zu dem Missverständnis, diese seien nicht realistisch. Dazu ist zu sagen, dass diese Frage für eine Kampfkunst zunächst uninteressant ist. Es stellen sich vielmehr folgende Fragen: Welche Herausforderungen und Themen bringen die unterschiedlichen Angriffe im Aikido für den Übenden mit sich? Und sind die Ergebnisse dieses Lernprozesses dann auf beliebige realistische Angriffe übertragbar? Die zweite Frage ist auf einer grundlegend konzeptionellen Ebene mit einem klaren „Ja" zu beantworten. Ob eine Person sich dann mit Aikido auch wirklich verteidigen kann, hängt von ihr selbst, von der Situation und vom Gegner ab und nicht vom Aikido. So würde man einem Boxer, der k. o. geschlagen wurde, auch nicht vorwerfen, dass das Boxen selbst nicht funktioniere.

Folgende Standardangriffe werden in der Regel im Aikido geübt – diese sind natürlich auch kombinierbar. Die Angaben zu den Fußstellungen sind als Orientierungshilfen zu verstehen, um eine gewisse Plausibilität der Angriffe zu erhalten. Letztendlich gilt natürlich, dass Uke so angreifen kann, wie er möchte. Damit Uke und Tori die Basistechniken im Aikido erlernen können, sind beide aber zunächst auf Verabredungen hinsichtlich der Fußpositionen angewiesen (vgl. Kap. 2.1).

ai-hanmi katate dori

Bei diesem Angriff handelt es sich mehr um eine Lernform, die ein einfaches Verständnis der Aikido-Techniken ermöglicht, als um einen wirklichen Angriff, da Uke über sein Greifen nicht den Winkel, in dem er zu Tori steht, kontrollieren kann.

Uke greift das Handgelenk (*te* = Handgelenk, *dori* = greifen) von Tori diagonal – beide haben entweder die rechte oder die linke Seite vorne (*ai-hanmi* = gleiche Position). Die Hand von Tori kann auch so gedreht sein, dass sein Daumen nach unten zeigt (vgl. Seite 69).

gyaku-hanmi katate dori

Uke greift spiegelsymmetrisch (*gyaku* = ungleich) ein Handgelenk von Tori. Uke hat dabei die rechte Seite, Tori die linke Seite vorne oder umgekehrt. Uke steht Tori nicht frontal gegenüber, sondern kann über sein Greifen den Winkel, in dem er zu Tori steht, kontrollieren.

kata dori

Uke greift die Jacke von Tori auf Schulterhöhe (*kata* = Schulter). Wie bei *gyaku-hanmi katate dori* kontrolliert Uke den Winkel zu Tori, er steht ihm also nicht frontal gegenüber.

275

muna dori

Uke greift mit einer Hand das Revers von Tori auf Brusthöhe. Die Fußstellung kann dabei diagonal oder spiegelsymmetrisch sein.

katate ryote dori

Uke greift einen Arm bzw. ein Handgelenk *(katate)* von Tori mit beiden Händen *(ryote)*. In der Regel entsteht der erste Kontakt dabei Handkante gegen Handkante mit einer diagonalen Fußstellung.

Uke bringt den Arm von Tori nach unten und beginnt, mit beiden Händen zu greifen.

Dabei wechselt er zu einer spiegelsymmetrischen Fußstellung, um den Winkel zu Tori kontrollieren zu können.

Der Angriff *katate ryote dori* wird auch als *morote dori* bezeichnet.

kata dori men uchi

Uke greift die Jacke von Tori auf Schulterhöhe *(kata dori)*.

Er benutzt diesen Griff und den Winkel, in dem er zu Tori steht, um ihn zu kontrollieren
und nach vorne aus dem Gleichgewicht zu bringen. So steht er im Rücken von Tori und
kann mit der freien Hand zu dessen Genick schlagen *(men uchi)*.

Wenn Uke diesen Angriff vollständig
durchführen kann, ist es für eine Aikido-
Technik zu spät. Deshalb nimmt Tori die
Bewegung von Uke vorweg und geht im
Moment, in dem Uke die Jacke auf Schulterhöhe fasst, einen Gleitschritt nach
vorne außen. Gleichzeitig bewegt er seine
vordere Hand nach oben in Richtung des
Kopfs von Uke.

ryote dori

Uke greift beide Handgelenke *(ryote)* von Tori bei spiegelsymmetrischer Fußstellung. Hat Uke sein linkes Bein vorne, so ist auch seine linke Hand unten. Die andere Hand greift darüber, sodass die Position geschlossen ist. Uke kontrolliert über das Greifen den Winkel zu Tori.

ryo hiji dori

Uke greift beide *(ryo)* Ellbogen *(hiji)* von Tori. Die Fußstellung ist dabei diagonal.

ryo kata dori

Uke greift die Jacke an beiden Schultern von Tori. Die Fußstellung ist diagonal.

shomen uchi

Uke schlägt *(uchi)* mit der Handkante von oben nach unten zum Kopf *(men)* von Tori. Die Ausholbewegung von Uke findet gerade auf seiner Längsachse statt. Uke geht einen Schritt vorwärts und beginnt bereits mit dieser Vorwärtsbewegung zu schlagen, damit Tori ihn nicht mit seiner vorderen Hand anhalten kann.

Im Moment, in dem Uke Tori trifft, ist die Fußstellung diagonal. Uke kann, um Tori zu erreichen, auch einen Gleitschritt vorwärts gehen, dann beginnt die Bewegung schon in einer diagonalen Ausgangsposition.

yokomen uchi

Uke schlägt mit der Handkante in einer diagonalen Bewegung von oben nach unten zur Kopfseite (*yoko* = Seite) von Tori. Die Ausholbewegung von Uke findet auf seiner Längsachse gerade über seinem Kopf statt. Uke geht einen Schritt vorwärts und beginnt, bereits mit dieser Vorwärtsbewegung zu schlagen, damit Tori ihn nicht mit seiner vorderen Hand anhalten kann.

Im Moment, in dem Uke Tori trifft, ist die Fußstellung diagonal. Uke kann, um Tori zu erreichen, auch einen Gleitschritt vorwärts gehen, dann beginnt die Bewegung schon in einer diagonalen Ausgangsposition.

men uchi

Uke schlägt gerade zum Gesicht von Tori. Im Gegensatz zu *jodan tsuki* (s. u.) macht er dafür keine Faust. Die Finger sind lediglich leicht abgebeugt. Der Angriff wird mit der Idee ausgeführt, z. B. im letzten Moment die Hand zur Faust zu schließen oder den Hals oder die Haare von Uke zu greifen. Dieser Angriff erlaubt es Uke, ein Gefühl für eine schnelle und entspannte Vorwärtsbewegung seiner Hand zu entwickeln. Die Fußstellung ist diagonal.

jodan tsuki

Uke schlägt *(tsuki)* mit der Faust zum Gesicht von Tori. Die Fußstellung ist dabei diagonal oder spiegelsymmetrisch.

Die Finger sind fest zusammen, der Daumen ist außen, Handrücken und Unterarm bilden eine Linie.

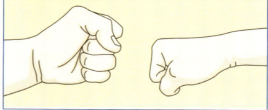

281

Uke trifft mit den Knöcheln von Zeige- und Mittelfinger. Im Moment des Treffens kann die Faust in Richtung des Daumens drehen.

chudan tsuki

Uke schlägt mit der Faust zum Bauch, Magen oder Solarplexus von Tori. Die Fußstellung ist dabei diagonal oder spiegelsymmetrisch.

In allen Kampfkünsten unterscheidet man grundsätzlich drei Trefferbereiche für Schläge oder Tritte:

- *jodan:* oberer Bereich, also Kopf und Hals,

- *chudan:* mittlerer Bereich, also Magen, Bauch, Solarplexus und

- *gedan:* unterer Bereich, ab Gürtellinie abwärts.

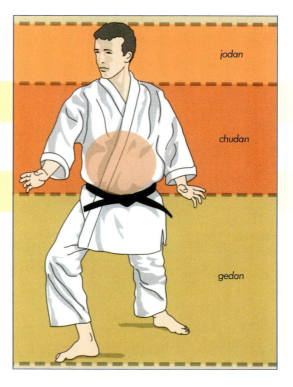

mae geri

Uke tritt *(geri)* gerade zum Bauch von Tori. Uke hebt dafür das Knie in der ersten Phase des Tritts stark an. Die Fußstellung ist dabei diagonal oder spiegelsymmetrisch.

Uke trifft mit dem Ballen des großen Zehs in einer stechenden Vorwärtsbewegung.

mae geri – irimi-Eingang

mawashi geri

Uke tritt seitlich zum Kopf von Tori. Uke hebt dafür das Knie in der ersten Phase des Tritts stark an. Die Fußstellung ist dabei diagonal oder spiegelsymmetrisch.

Dann tritt er mit dem Fußrücken seitlich zum Kopf von Tori.

ushiro ryote dori

Alle rückwärtigen Angriffe *(ushiro)* beginnen im Aikido von vorne – und zwar mit folgender Logik: Steht Uke im Rücken von Tori, gibt es zwei Möglichkeiten. Entweder bemerkt Tori Uke und dreht sich herum, beide stehen sich dann direkt gegenüber, oder Tori bemerkt Uke nicht. In diesem Fall hat er theoretisch keine Chance mehr, einem Angriff sinnvoll zu begegnen.

Wie gelangt Uke dann trotzdem in den Rücken von Tori? Im ersten Moment entsteht ein Kontakt diagonal Handkante gegen Handkante.

Uke bringt den Arm von Tori nach unten und greift das Handgelenk. Tori verlässt seitlich die Linie, auf der Uke angreift und beginnt, vorwärts zu gehen. Der Winkel zwischen Uke und Tori ist durch diese Bewegung nun derart, dass Uke in den Rücken von Tori gelangt.

Damit er Tori kontrollieren kann, fasst Uke das zweite Handgelenk. Er greift dabei so, dass seine Daumen oben sind.

ushiro ryo hiji dori

Die Bewegung beginnt wie bei *ushiro ryote dori*, allerdings stehen Uke und Tori anfangs näher zusammen, sodass Uke die Ellbogen *(hiji)* von Tori kontrolliert.

Tori weicht wieder so nach außen und nach vorne aus, dass Uke in seinen Rücken gelangt.

Durch sein Greifen verhindert Uke, dass Tori sich herumdrehen kann.

ushiro ryo kata dori

Die Bewegung beginnt wie bei *ushiro ryote dori*. Die Distanz zwischen Uke und Tori ist nun noch geringer, sodass Uke die Jacke an den Schultern von Tori fasst.

Tori weicht so nach außen und nach vorne aus, dass Uke in seinen Rücken gelangt.

Durch sein Greifen verhindert Uke, dass Tori sich herumdrehen kann.

ushiro katate dori kubi shime

Wie bei *ushiro ryote dori* bringt Uke den Arm von Tori nach unten und greift das Handgelenk. Durch die Bewegung von Tori nach außen und nach vorne gelangt Uke in den Rücken von Tori.

Uke greift von hinten in das Revers von Tori und kann damit einen Würgegriff ansetzen.

Dieselbe Position um 180° gedreht.

ushiro eri dori

Wie bei *ushiro ryote dori* bringt Uke den Arm von Tori nach unten und greift das Handgelenk. Durch die Bewegung von Tori nach außen und nach vorne gelangt Uke in den Rücken von Tori.

Mit der freien Hand greift Uke jetzt den Kragen von Tori. Er kann auch den Griff am Handgelenk von Tori loslassen und mit dieser Hand den Kragen von Tori fassen.

8.4 Rollen und Fallen

Damit Uke mit den Wurftechniken im Aikido sinnvoll umgehen kann, lernt er sicheres Rollen und Fallen. Nur wenn Uke diese Fallbewegungen gut beherrscht und so das Verletzungsrisiko minimiert wird, kann Tori auch seine Wurfbewegungen konsequent ausführen. Hier wird erneut deutlich, dass Uke und Tori in ihrer Entwicklung voneinander abhängig sind.

Rückwärts abrollen – ushiro ukemi

Die Basis-Fallbewegung besteht aus einem Abrollen über Knie, Gesäß und Rücken.

Der *Aikido-ka* steht in der Ausgangsposition.

Das hintere Knie wird auf dem Boden abgesetzt (Kniestand), der Fußrücken liegt flach auf dem Boden.

Nun kann über Gesäß und Rücken abgerollt werden, der Kopf berührt dabei nicht den Boden. Die Beine werden gestreckt, die Füße zusammengebracht.

Mit der Abrollbewegung schlägt zuerst die eine Hand mit der Handinnenfläche auf den Boden (auf der Seite, mit der Uke sich hingekniet hat).

Dann schlägt die andere Hand ab. Jetzt ist es möglich, in umgekehrter Reihenfolge (Kniestand, dann Ausgangsposition) wieder aufzustehen.

Das Abschlagen mit den Händen dient dazu, die Bewegungsenergie kontrolliert abzuleiten. So ist es für Uke möglich, sicher zu fallen, auch wenn Tori stark wirft. Zu Beginn des Aikido-Trainings kann das Rückwärtsabrollen auch direkt aus dem Kniestand geübt werden.

Variante

Bei manchen Würfen (z. B. *shiho nage*) ist es notwendig, die Bewegungsenergie durch eine zusätzliche Seitwärtsbewegung des Körpers weiterzuführen.

Nach dem Abrollen werden dazu die Beine überkreuzt.

Der Rücken bleibt dabei nicht flach auf der Matte liegen. Der Blick ist weiter auf Tori gerichtet. Uke steht jetzt in umgekehrter Reihenfolge wieder auf.

Vorwärts rollen – mae ukemi

Aus einigen Würfen (z. B. *kaiten nage*, *ude kime nage*) ist ausschließlich ein Vorwärts-abrollen möglich.

Uke rollt dabei über seinen vorderen Arm. Dazu dreht er die Handkante nach außen, sodass der Arm eine runde Form bekommt.

Wichtig ist, dass der Arm während der Rollbewegung stabil bleibt und nicht eingebeugt wird.

Uke kann jetzt über die Schulter, den Rücken und das Gesäß abrollen. Der Kopf berührt während der gesamten Bewegung nicht den Boden.

Die freie Hand schlägt während der Rolle mit der Handinnenfläche auf den Boden. Wie beim Rückwärtsabrollen hilft dieses Abschlagen, Bewegungsenergie abzuleiten. Die Rollbewegung wird dadurch kompakt. Gleichzeitig ist dies eine Vorübung zum Vorwärtsfallen.

Die Rückwärtsrolle ist mit der Vorwärtsrolle identisch, wird nur in umgekehrter Reihenfolge durchgeführt. Uke kniet sich zunächst hin und rollt über Gesäß und Rücken ab. Dann rollt er auf der Seite, auf der das Knie aufgestellt war, über seine Schulter. Auf dieser Seite positioniert sich der Arm wie bei der Vorwärtsrolle. Dies ermöglicht das „Aufrollen" über den Arm.

Vorwärts fallen

Eine fortgeschrittene Form des Vorwärtsrollens ist das Vorwärtsfallen. Uke fällt vorwärts, wenn die Wurfbewegung von Tori so schnell ist, dass Uke mit dem Rückwärts- oder Vorwärtsabrollen dieser Bewegung nicht mehr folgen kann. Mit anderen Worten: Tori sorgt mit der Geschwindigkeit, mit dem Winkel und mit der Entschiedenheit seiner Wurfbewegung für das Vorwärtsfallen von Uke.

Der Ablauf dieser Fallbewegung ist identisch mit dem Vorwärtsrollen – nur befindet sich die Rotationsachse jetzt nicht mehr wie beim Abrollen auf dem Boden.

Wenn der *Aikido-ka* sicher rollen kann, ist es sinnvoll, den Bewegungsablauf des Vorwärtsfallens zunächst alleine (also ohne Wurf) zu üben. Es bietet sich z. B. an, über einen Übungspartner zu fallen. Die Rotationsachse ist dann auf dem Rücken des Partners.

Dabei sollte nicht zu viel Druck auf den Rücken des Partners ausgeübt, sondern mit einem Eigenimpuls um die gedachte Achse gedreht werden. Die freie Hand, mit der abgeschlagen wird, kommt deutlich vor dem Körper und den Beinen auf dem Boden an.

So wird die Bewegungsenergie abgeleitet und es ist möglich, sofort wieder aufzustehen.

Dieselbe Bewegung aus einem Wurf *(shiho nage)*: Die Drehachse ist am Handgelenk von Uke. Der freie Arm berührt zuerst – also vor dem Körper – den Boden.

  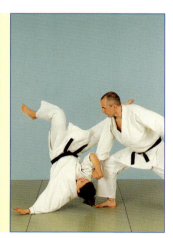

8.5 Fortgeschrittene Falltechniken

Mae ukemi und *ushiro ukemi* sind die Basis-Falltechniken im Aikido. Das Repertoire für Uke wird durch zwei fortgeschrittenere Falltechniken ergänzt.

Löschblatt

Das sogenannte Löschblatt kommt bei einigen Technikvarianten – z. B. sehr direkten Formen von *ikkyo omote* – oder als Ersatz für *mae ukemi*, wenn nicht genügend Platz zum Abrollen vorhanden ist, zum Einsatz.

Die Bewegung kann folgendermaßen alleine geübt werden: Beide Hände werden relativ nah an den eigenen Füßen auf den Boden gesetzt. Die Füße werden dann in einer dynamischen Bewegung nach oben gebracht.

Nun kann man den Körper kontrolliert über Oberkörper und Bauch abrollen.

Der Kopf wird dabei zur Seite gedreht.

Hier wird dieselbe Bewegung in einer Technik *(hanmi handachi ai-hanmi katate dori ikkyo omote)* gezeigt: Uke fasst mit einem Schritt vorwärts das Handgelenk von Tori. Tori stellt sein vorderes Knie zur Seite auf und weicht so seitwärts aus.

Mit der freien Hand greift Tori den Ellbogen von Uke.

Tori bringt jetzt über seinen Griff am Arm von Uke dessen Schulter direkt auf den Boden. Uke fegt mit dem hinteren Fuß seinen vorderen Fuß weg, stützt sich mit seiner freien Hand auf dem Boden ab und bewegt seine Füße dynamisch nach oben. So kann er mit der Haltetechnik von Tori sinnvoll umgehen, ohne unangenehm auf dem Boden aufzukommen.

Fallendes Blatt

Für das sogenannte fallende Blatt bringt der *Aikido-ka* in einer dynamischen Vorwärtsbewegung seine Hüfte nach vorne und dann seine Beine nach oben.

Zum Abschlagen berührt zunächst die eine Hand den Boden. Über diesen Arm und Schultergürtel wird abgerollt, bis auch der andere Arm auf dem Boden ist.

Schließlich kann über den Rücken kontrolliert abgerollt werden. Der Kopf berührt dabei nicht die Matte.

8.6 Das ukemi in der Technik

Zum Schluss dieses Kapitels sollen drei Bewegungsabläufe näher dargestellt werden, die im Rahmen von Basistechniken im Aikido auftauchen und von besonderem Interesse sind.

irimi nage

Wie immer beim *ukemi* gilt auch bei *irimi nage*, dass Uke die Bewegung akzeptiert, sich dann aber in Bezug zu Tori neu positioniert. Uke wird bei *irimi nage* in der Regel aus dem Gleichgewicht gebracht.

Mit seinem vorderen Fuß korrigiert er die Distanz, seine innere Hand bringt er auf den Boden, um das Ungleichgewicht zu kontrollieren. Sein hinteres Bein bewegt er als Gegengewicht zur vorderen Hand nach oben und dann mit einem Schritt nach vorne. Damit Uke den Arm von Tori kontrollieren kann, geht er außerdem noch einen Schritt vorwärts zu diesem Arm hin.

Uke kann mit seiner Positionierung nah am Zentrum der Bewegung bleiben und wird nicht durch die Fliehkräfte nach außen getragen. So ist es ihm möglich, die Bewegung mitzukontrollieren.

Führt Tori die Bewegung tiefer bzw. bringt er Uke stärker aus dem Gleichgewicht, so landet Uke kontrolliert auf seinem inneren Knie und auf seinem Unterarm.

Diese Position erlaubt es Uke, Tori zu sehen sowie in alle Richtungen beweglich zu bleiben. Uke bringt jetzt seinen hinteren Fuß nach vorne und beginnt aufzustehen. Dann geht er noch einen Schritt zum Arm von Tori hin, um diesen zu kontrollieren. Uke sollte versuchen, in diesem Bewegungsablauf zunehmend entspannt, aber kompakt zu sein.

Haltetechniken

Bei allen Haltetechniken wird Uke am Ende auf den Boden gelegt. Bei *omote*-Bewegungen bringt er dazu das vordere Knie und die freie Hand auf den Boden. Dann lässt er sich von Tori auf den Boden legen.

Uke versucht, dabei seine Schulter entspannt zu lassen. Würde Tori stark auf den Arm von Uke drücken, könnte Uke dieser Bewegung durch seine entspannte Schulter sofort nachgeben.

Bei *ura*-Bewegungen folgt Uke mit seinem inneren Fuß und bringt dann sein inneres Knie auf den Boden.

Es folgt die äußere Hand, um die Abwärtsbewegung zu kontrollieren.

Wie bei *omote* lässt Uke seine Schulter und seinen Arm dabei möglichst entspannt, um der Bewegung von Tori nachzugeben.

ikkyo omote waza

Bei der zentralen Haltetechnik des Aikido – *ikkyo* – hat Uke in der Basisform folgende Aufgabe:

Uke (links) kontrolliert, z. B. nach seinem Angriff mit *shomen uchi*, die obere Hand von Tori, um selbst nicht getroffen zu werden.

Da Tori zusätzlich noch seinen Ellbogen kontrolliert, muss Uke dafür seinen Arm gelenkig halten und einbeugen.

Detail der Handposition

Uke bewegt sich nun mit einem Gleitschritt weiter in Richtung Tori. Dann hat Uke die Distanz, um mit der freien Hand seinen Angriff fortzusetzen.

Die Herausforderung für Tori besteht darin, seine Position im selben Moment zu schließen, um nicht getroffen zu werden, und Uke dann zu kontrollieren (vgl. Kap. 5.1).

8.7   Mit Gewicht arbeiten

Uke übt im Aikido zunächst das korrekte Angreifen: greifen, schlagen etc. – zunächst statisch, dann immer dynamischer. Schließlich lernt er, sich zu positionieren und so auf die Bewegungen von Tori zu reagieren. Mit fortschreitendem Niveau lernt Uke außerdem, in den Bewegungen entspannt, aber kompakt zu sein. Nur so ist es Uke möglich, auf einem hohen Niveau den Bewegungen von Tori zu folgen und das Verletzungsrisiko zu minimieren.

Mit dieser Entwicklung einher geht die Idee, dass Uke für Tori ein interessanter Gegenpart sein kann, indem er sein Gewicht in der Bewegung einsetzt, z. B. bei *irimi nage* oder *ikkyo*. Idealerweise ist er also entspannt (nicht zu verwechseln mit schlaff) und damit reaktionsfähig, kompakt und schwer (nicht zu verwechseln mit schwerfällig). Dadurch ergibt sich im Trainingsprozess eine interessante Form der Zusammenarbeit, da Tori sich bemühen muss, Uke aus dem Gleichgewicht zu bringen. So kann Tori feststellen, ob er selbst optimal platziert ist und ob er stabil und tief arbeitet. Gleichzeitig erlernt Uke die Qualitäten, die er als Tori ebenfalls benötigt, nämlich entspannt und kompakt zu sein.

Kap. 8 zusammenfassend, lassen sich die Qualitäten von Uke im Aikido folgendermaßen beschreiben:

- korrekt angreifen,

- angemessen und sinnvoll auf die Bewegungen von Tori reagieren,

- sicher fallen können,

- in der Bewegung kompakt und entspannt sein,

- zunehmend das eigene Körpergewicht einsetzen.

„Wer sich am Ziel glaubt, geht zurück."

Laotse

9   Weiterführende Informationen

- Wie wärmt man sich auf?

- Was sind *dan*- und *kyu*-Grade?

- Wo findet man weitere Informationen?

In diesem Kapitel geht es um zusätzliche Informationen, die für den *Aikido-ka* interessant sein können und das Buch abrunden – jenseits der Techniken und grundlegenden Konzeption des Aikido, die in den vorangegangenen Kapiteln dargestellt wurden.

9.1   Richtiges Aufwärmen

Jedes Aikido-Training beginnt normalerweise mit einer kurzen Aufwärmphase. Da sich alle Aikido-Techniken in einem natürlichen Bewegungsradius abspielen, ist eine extreme Gelenkigkeit nicht notwendig. Trotzdem sollte Schülern und Lehrern der Sinn und Zweck der Aufwärmphase klar und es sollte ein Grundwissen über die physiologischen Abläufe vorhanden sein.

Physiologische Veränderungen durch Aufwärmen

Durch das Aufwärmen wird in erster Linie die Körpertemperatur erhöht. Die optimale Temperatur für sportliche Belastung liegt bei 38,5-39,0° C. Auch ohne Thermometer fühlt man, ob der Körper für die Bewegungen bereit oder „noch kalt" ist. Abgesehen von der Temperaturerhöhung kommt es zu zahlreichen weiteren physiologischen Veränderungen. Das Aufwärmen wirkt auf das Herz-Kreislauf-System, die Muskeln, die Gelenke, die Nerven und sogar auf die Psyche. Diese Einflüsse werden im Folgenden genauer betrachtet:

Das komplette Herz-Kreislauf-System passt sich durch eine veränderte Atmung und Herzfrequenz der beginnenden Leistungsanforderung an. Die Stoffwechselvorgänge werden beschleunigt und die Muskeln werden bis zu 6 x mehr durchblutet als vor der Belastung. So können sie besser mit Sauerstoff versorgt werden, was eine größere Leistungsfähigkeit durch kräftigere, schnellere und ausdauerndere Muskelanspannungen zur Folge hat. Zudem werden die Abfallprodukte der Energiegewinnung, Kohlendioxid und Milchsäure, schneller abtransportiert. Dies verhindert eine „Übersäuerung" in der Muskelzelle und somit eine rasche Ermüdung.

Eine weitere Wirkung des Aufwärmens auf die Muskulatur ist für viele *Aikido-ka* offen-kundig: Die Muskeln werden spürbar „locker". Dem liegt eine Abnahme innerer Rei-bungswiderstände sowie eine höhere Entspannungs- und Dehnfähigkeit zugrunde. Diese Veränderungen führen zu einer deutlichen Verringerung der Verletzungsanfällig-keit. Kann z. B. der Gegenspieler eines schnellkräftig angespannten Muskels leicht ent-spannt werden, so ist er weniger reißgefährdet. Außerdem läuft eine Bewegung dann ökonomisch und schnell ab, wenn nur der ausführende Muskel angespannt wird, der Gegenspieler jedoch möglichst entspannt bleibt. Der Schutz vor Verletzungen durch ent-spannte Muskeln wird durch ein weiteres Beispiel leicht deutlich: Bei einem lockeren Arm kann die Richtung von Hebeln oder Würfen besser erfühlt, dieser gefolgt und so eine Verletzung vermieden werden.

Auch im Bereich des sogenannten passiven Bewegungsapparats (Knochen, Gelenke, Bänder) kann ein angemessenes Aufwärmtraining die Verletzungsgefahr verringern. Im Laufe des Aufwärmens kommt es hier zu einer Verdickung der Knorpelschicht auf den Gelenken. So können einwirkende Kräfte besser abgefangen werden. Dies ist im Aikido von großer Bedeutung, da häufig Techniken mit extremen Gelenkwinkel-stellungen bzw. hohem Druck auf die Gelenke ausgeführt werden (z. B. *suwari waza* oder *nikkyo ura*).

Die für das Aikido wesentlichste physiologische Veränderung des Aufwärmens ist jedoch die der Nervenfunktion. Eine höhere Temperatur vergrößert die Geschwindigkeit, mit der Nervenimpulse weitergeleitet werden. Die Körpertemperatur beeinflusst also direkt die Reaktionsfähigkeit, was bei einem Angriff, wie z. B. *jodan tsuki*, natürlich ent-scheidend ist. Jedoch wird nicht nur die Geschwindigkeit der Nervenimpulse durch Auf-wärmen gesteigert, auch die Empfindlichkeit der Nerven wird erhöht. Sinneswahrneh-mungen, wie der Tastsinn oder der Sinn für Lage, Muskelanspannung und Bewegung des Körpers (sogenannte Propriozeption), werden so optimiert. Dies sind beste Voraus-setzungen für ein gutes Körper- und Bewegungsempfinden. Der eigene Körperschwer-punkt sowie der des Partners kann leichter gespürt werden.

Ein zusätzlicher wichtiger Effekt des Aufwärmens ist die Einstimmung auf die kommen-de Anforderung. Die wiederkehrenden oder sich ähnelnden Übungen liefern das Sig-nal: Es geht los! Dies führt zu einer psychischen Aktiviertheit, welche von einer erhöh-ten Konzentrationsfähigkeit begleitet wird. Das Aufwärmen bringt so den *Aikido-ka* ins Hier und Jetzt.

Ein Tipp noch am Rande für alle vom Muskelkater Geplagten: So vorteilhaft das Aufwärmen auch ist, Muskelkater (kleine Risse im Muskelgewebe) wird dadurch leider nicht vermieden. Da hilft nur häufiger trainieren oder Kirschsaft trinken!

Hier noch einmal die Vorteile des Aufwärmens auf einen Blick:

- geringere Verletzungsanfälligkeit,

- größere Leistungsfähigkeit und Körperwahrnehmung,

- geringere Übersäuerung der Muskulatur und

- Einstimmung und Konzentration.

Aufwärmen im Aikido

Die im Folgenden beschriebenen Übungen sind Beispiele für ein mögliches Aufwärmtraining im Aikido und keinesfalls als strikte Vorgabe zu verstehen. Die Stilrichtungen im Aikido reichen von meditativen, langsamen Bewegungen bis hin zu sportlich-dynamischer Ausübungsweise. Da sich das Aufwärmen nach dem bevorstehenden Stundeninhalt richten sollte, muss es ebenso vielfältig ausfallen. Auch Alter und Trainingszustand der *Aikido-ka* sowie Tageszeit und Umgebungstemperatur sollten bestenfalls berücksichtigt werden.

In einem allgemeinen Teil des Aufwärmtrainings wird zunächst eine Temperaturerhöhung der Arbeitsmuskulatur angestrebt. Hierbei werden möglichst viele und große Muskeln in Bewegung gesetzt. Dies sollte mit einer niedrigen bis mittleren Intensität erfolgen. Mögliche Übungen sind Hüpfen auf der Stelle oder Laufen in verschiedenen Variationen.

Anschließend können Übungen zur Mobilisation von Muskeln und Gelenken durchgeführt werden. Beispiele dafür sind: lockere (!) Gelenkbewegungen wie Armkreisen, Schulterkreisen, Hüftkreisen usw. Achtung: Manche traditionellen Übungen, wie z. B. Knie- und Kopfkreisen, sind aus anatomischer Sicht nicht zu empfehlen, da das Kniegelenk nur einen seitlichen Freiheitsgrad von 10° hat und die Verbindung zwischen Kopf und Rumpf kein Kugelgelenk ist! Alternativ können die Knie leicht gebeugt und gestreckt werden. Der Kopf kann kontrolliert nach vorne/hinten und rechts/links bewegt werden.

Danach sollte ein Dehnen der verschiedenen Muskelgruppen erfolgen (s. u.).

Achtung: Dehnen sollte weder ruckartig durchgeführt werden noch schmerzhaft sein. Es werden zahlreiche Dehnmethoden unterschieden. Für das Aikido relevante Methoden sind z. B.

- das statisch-passive Dehnen (SPD),

- das dynamische Dehnen (DD),

- das Anspannen-Entspannen-Dehnen (AED).

Beim SPD wird die jeweilige Dehnstellung eingenommen und einige Sekunden eingehalten. Diese Dehnmethode ist leicht kontrollierbar und kann deshalb von jedem ausgeführt werden. Zwar wird hierbei die Fähigkeit der Muskeln verringert, sich schnell und kräftig anzuspannen, jedoch können anschließende sportartspezifische Übungen diesen Effekt wieder ausgleichen.

Da das Aikido von dynamischen Bewegungen gekennzeichnet ist, eignet sich die dynamische Dehnmethode (DD) besonders gut. Hierbei werden einige federnde Bewegungen an der Beweglichkeitsgrenze durchgeführt. Nach Verletzungen sollte diese Dehnmethode vorsichtig angewandt werden.

Beim AED wird die Muskulatur zunächst stark angespannt, dann entspannt und anschließend gedehnt. Diese Dehnmethode führt zum größten Beweglichkeitszuwachs der hier beschriebenen Dehnmethoden. Zusätzlich wird die Muskulatur erwärmt und gekräftigt. Da nicht jede Dehnübung mit jeder Methode durchführbar ist, erfolgt bei den folgenden Übungen eine Zuordnung in Klammern.

Erster Teil: Hals-, Brust- und Lendenwirbelsäule

Im Stand sind die Beine überkreuzt und der Rumpf wird zur Seite des vorderen Beins geneigt, ohne den Oberkörper zu drehen. Dabei sind die Arme an der Hüfte abgestützt. Die seitliche Rumpfmuskulatur wird durch diese Übung sowohl gedehnt als auch gekräftigt (PSD, DD).

Zweiter Teil: Schultergelenke und Schultergürtel

Im schulterbreiten Stand mit leicht gebeugten Knien werden die gebeugten Arme nach hinten oben geführt. Dabei werden die Ellbogen in Schulterhöhe aktiv nach hinten genommen. Es erfolgt eine Dehnung vor allem der Schulter-, aber auch der Bauch- und Rippenmuskulatur. Gleichzeitig wird die Schultergürtelmuskulatur gekräftigt (statische, aber aktiv eingenommene Dehnung).

Dritter Teil: Hüft- und Kniegelenke

In seitlicher Schrittstellung wird das Gewicht auf das gebeugte Bein verlagert. Der Fuß des gestreckten Beins ist aufgesetzt und die Fußspitze zeigt nach vorne. Diese Übung dehnt diejenigen Muskeln, die das abgespreizte Bein an den Körper heranziehen (Adduktoren). Um verschiedene Anteile der Muskeln zu dehnen, kann das gestreckte Bein nach außen rotiert werden (PSD, DD, AED).

Im breitbeinigen Stand werden die Beine gespreizt und der Körper abgesenkt. Die Richtung der Knie und der Fußspitzen sollte übereinstimmen. Die Dehnung wird durch die Ellbogen verstärkt. Diese Übung dehnt ebenfalls die Adduktoren sowie einen Teil der Wadenmuskulatur (PSD, AED).

Im Langsitz wird ein Fuß über das andere Bein genommen und neben dem Knie abgestellt. Der entgegengesetzte Ellbogen verstärkt die Rotation, während der andere Arm den Körper abstützt. Hier werden die abspreizenden Muskeln (Abduktoren) und die Gesäßmuskulatur gedehnt (PSD, DD, AED).

Im Ausfallschritt wird das Gewicht auf das vordere Bein verlagert, während der entgegengesetzte Arm nach vorne genommen wird. Das hintere Bein ist gebeugt. Durch Vorschieben der Hüfte wird die Oberschenkelvorderseite des hinteren Beins gedehnt. Diese Dehnübung gleicht die Kräftigung der Oberschenkelmuskeln im Aikido aus und hilft so, Fehlstellungen des Beckens und der Wirbelsäule zu vermeiden (PSD, DD).

Vierter Teil: Sprunggelenke

Wie zuvor wird, im Ausfallschritt stehend, das Gewicht auf das vordere Bein verlagert. Nun bleibt jedoch das hintere Bein gestreckt. Die Hände werden in den Hüften abgestützt. Wichtig ist, dass die Ferse des gestreckten Beins Bodenkontakt hält. Diese Übung dehnt die Wadenmuskulatur (PSD, DD, AED).

Der Übergang zwischen dem abschließenden sportartspezifischen Aufwärmen und dem Hauptteil der Stunde kann fließend sein. Es können hier vorbereitende Übungen, wie z. B. *tenkan* oder *tai-sabaki* (vgl. Kap. 2) und Übungen der Fallschule (vgl. Kap. 8.4), mit einbezogen werden.

Beim beginnenden Hauptteil des Unterrichts sollten die Techniken zunächst mit verminderter Intensität ausgeführt werden. Des Weiteren sollten extreme Gelenkwinkelstellungen, wie sie beispielsweise bei Übungen in *suwari waza* auftreten, vermieden werden, da der oben beschriebene Erwärmungseffekt auf die Gelenke erst nach mindestens 20 Minuten eintritt. Ideal für den Stundenbeginn sind Techniken, bei denen sich die *Aikido-ka* viel bewegen (z. B. *uchi kaiten nage*) und die ohne große Erklärungen bzw. ohne langes Sitzen und dem damit verbundenen Abkühlen durchgeführt werden können.

Obwohl dies ein Kapitel zum AUFwärmen ist, abschließend noch ein kurzer Hinweis zum ABwärmen: Wenn der zeitliche Rahmen der Stunde eine Abwärmphase zulässt, so sollte diese für die letzten Minuten eingeplant werden. Sie leitet den Erholungsprozess gezielt ein und es kommt zu einer schnelleren Wiederbelastbarkeit sowohl im Aikido als auch im Alltag. Es bietet sich an, die letzte Technik mit verminderter Intensität auszuführen, sodass sich der Muskelstoffwechsel normalisieren kann. Erst danach kann ein abschließendes Dehnen die Regeneration weiter begünstigen und zusätzlich zur psychischen Entspannung beitragen.

Zum Weiterlesen:

De Marées, H. (2003). *Sportphysiologie*. Köln: Sport und Buch Strauss.

Freiwald, J. (2006). *Stretching für alle Sportarten*. Reinbek bei Hamburg: Rowohlt.

Connolly, D. A. J. & McHugh, M. P. & Padilla-Zakour, O. I. (2006). Efficacy of a tart cherry juice blend in preventing the symptoms of muscle damage. *British Journal of Sports Medicine*, 40 (8): 679-83.

Schiffer, H. (1998). *Untersuchung der verletzungsprophylaktischen Wirkung des Aufwärmens durch Befragung verletzter Sportler bezüglich ihres Aufwärmverhaltens – eine retrospektive Studie*. Köln, Dissertation.

9.2 Material, Übungsraum und Etikette

Für das Aikido-Training benötigt man einen weißen *Judo*-Anzug *(keiko-gi)*. Diesen gibt es in unterschiedlichen Größen, Qualitäten und Preisklassen (ca. 40-70,– €). Dünnere Karate-Anzüge sind eher unpraktisch, da es im Aikido auch Angriffe oder Techniken gibt, bei denen an der Jacke gezogen wird.

In der Regel trägt man zum *keiko-gi* einen weißen Gürtel, bis man den ersten *dan* absolviert hat – dann ist die Gürtelfarbe schwarz (vgl. Kap. 9.3).

Zusätzlich zum *keiko-gi* trägt man im Aikido einen traditionell-japanischen Hosenrock, den sogenannten *hakama*. Diesen gibt es in Schwarz oder Blau und ebenfalls in unterschiedlichen Qualitäten und Preisklassen (ca. 130,– €). Ab wann der *hakama* getragen wird, ist abhängig von der Graduierung und wird je nach Verband und Schule unterschiedlich gehandhabt.

gi   *hakama*

Da im Aikido auch mit Waffen geübt wird, benötigt der *Aikido-ka* – zumindest wenn er sich intensiver mit dieser Kampfkunst auseinandersetzen möchte – einen Holzstock *(jo)*, ein Holzschwert *(bokken)* und ein Messer aus Holz *(tanto)*. Auch bei den Waffen gibt es unterschiedliche Ausführungen und Preisklassen. Oftmals werden diese Übungswaffen aber auch erstmal in einem *dojo* (s. u.) zur Verfügung gestellt.

jo – Stock

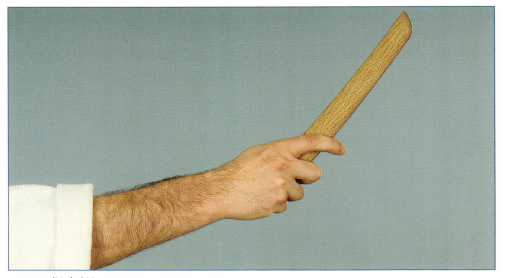

tanto – (Holz-)Messer

In vielen *dojos* sind die Schuhe am Eingang auszuziehen. Damit man sich in den Räumen angenehm bewegen kann, braucht man Sandalen oder sogenannte *zori* (japanische Reisstrohsandalen).

Das Wort *dojo* setzt sich zusammen aus „*do*", mit derselben Bedeutung wie in Aikido, und „*jo*", d. h. einem Ort, an dem etwas stattfindet. Sinngemäß ergibt sich daraus die Übersetzung „Ort, wo der Weg geübt wird". Ein Aikido-*dojo* ist ein mit *Judo*-Matten ausgelegter Raum. In der Regel findet sich dort auch immer ein Bild des Aikido-Begründers Morihei Ueshiba und vielleicht eine *kamiza* mit einer Aikido-Kalligrafie.

Ein *dojo* ist aber mehr als eine Trainingshalle. Unabhängig von den Räumlichkeiten zeichnet sich ein *dojo* dadurch aus, dass sich die Übenden mit gegenseitigem Respekt begegnen und ernsthaft versuchen, dem Weg zu folgen, den das Aikido vorgibt. Diese Einstellung findet ihren Ausdruck in einer bestimmten Etikette, japan. *reigi* (*rei* = Höflichkeit, Gruß):

Wenn der *Aikido-ka* das *dojo* betritt, sollte er sich vor dem Bild von Morihei Ueshiba verbeugen, ebenso wenn er das *dojo* verlässt.

So beginnt und endet auch der Aikido-Unterricht: Lehrer und Schüler verbeugen sich zunächst gemeinsam vor dem Bild des Aikido-Begründers und dann voreinander.

Dies hat nichts mit Anbetung oder Unterwerfung zu tun. Die Verbeugung ist Ausdruck von gegenseitigem Respekt und Höflichkeit. Schließlich könnte man ohne Morihei Ueshiba kein Aikido üben.

Zum Verbeugen nimmt man die Hände nach vorne zusammen, der Rücken bleibt gerade, das Gesäß ruht auf den Fersen.

Die Verbeugung im Stehen:

Zu Beginn und Ende des Unterrichts oder bei kurzen Übungspausen sitzt man auf den Fersen *(seiza)*. Auch in dieser Position kommt die Geisteshaltung in einem *dojo* zum Ausdruck: Der *Aikido-ka* kann sofort agieren, z. B. aufstehen oder sich mit *shikko* bewegen (vgl. Kap. 2.9), und ist aufmerksam und konzentriert. Die Schultern sind dabei entspannt, der Oberkörper ist gerade, die Hände liegen locker auf den Oberschenkeln.

9.3   Das Graduierungssystem

In allen traditionellen Kampfkünsten ist es möglich, Prüfungen zu absolvieren – diese sind in der Regel optional. Bei den Prüfungen werden *kyu*- und *dan*-Grade unterschieden. Man beginnt mit den *kyu*-Prüfungen. Diese werden rückwärts gezählt und starten beim Aikido normalerweise mit dem fünften *kyu*.

Sinn der *kyu*-Prüfungen ist es, sich mit den Namen der Aikido-Techniken zu beschäftigen, diese nach und nach zu erlernen und den systematischen Aufbau des Aikido zu verstehen. Die intellektuelle und nicht nur körperliche Auseinandersetzung mit Aikido erhöht insgesamt den Lernerfolg, da es z. B. möglich wird, Basis- von fortgeschrittenen Techniken, Variationen oder Anwendungen zu unterscheiden. Auch kann der *Aikido-ka* durch die Prüfungen besser einschätzen, auf welchem Niveau er sich befindet und was er dementsprechend als Nächstes üben sollte (vgl. Kap. 7).

Hat der *Aikido-ka* die Prüfung zum ersten *kyu* absolviert, sollte er alle Basistechniken kennen und ausführen können.

Nun ist es möglich, die Prüfung zum ersten *dan* abzulegen, nach der man einen schwarzen Gürtel tragen darf. Dies ist nicht zu verwechseln mit einer „Meisterschaft" im Aikido. Das japanische Schriftzeichen für *shodan* (erster *dan*) hat vielmehr auch die Bedeutung „am Anfang" oder „mit etwas beginnen". Sehr streng genommen beginnt man also jetzt erst mit dem eigentlichen Aikido-Training, da die Basistechniken als bekannt vorausgesetzt werden.

Folgerichtig wird nun auch aufwärts gezählt. Für den zweiten, dritten und vierten dan muss der *Aikido-ka* seine Technik verbessern, die Konstruktionsarbeit vertiefen und die Prinzipien verinnerlichen. Dabei hält er sich mehr oder weniger streng an die vorgegebenen Basistechniken *(kata)*. Gearbeitet wird also an und mit den Techniken. Abhängig von der körperlichen Konstitution und Einsatzfreude der Übenden sollte auch Uke lernen, stark anzugreifen und zuzuschlagen – auf der anderen Seite lernt Tori, solche Angriffe je nach Technik anzuhalten bzw. kontrolliert aufzunehmen. Tori übt gleichfalls, sich mit seiner Technik durchzusetzen und Uke in Bewegung zu bringen, auch wenn dieser z. B. die Techniken zu blockieren versucht. Erst im Wechselspiel dieser konstruktiv-konfrontativen Auseinandersetzung ohne Wettkampf kann der *Aikido-ka* auf diesem Niveau die für eine Kampfkunst nötige Sicherheit erlangen.

Die letzte Prüfung, die der *Aikido-ka* absolviert, ist in der Regel die zum vierten *dan* – höhere Graduierungen werden verliehen.

Erst mit dem vierten und fünften *dan* beginnt so etwas wie eine eigenständige Entwicklung und Meisterschaft im Aikido, da der *Aikido-ka* jetzt nicht nur die Techniken beherrscht, sondern durch das langjährige Üben auch die Prinzipien weitestgehend verinnerlicht hat.

Als Beispiel für eine einfache *kyu*-Prüfungsordnung wird hier das Prüfungsprogramm des *hombu dojo* in Tokio gezeigt (vgl. Seite 340). Viele Verbände in Deutschland haben aber mittlerweile eigene Standards entwickelt.

Der Ablauf von Prüfungen im Aikido stellt sich in der Regel so dar, dass dem Prüfling Angriff und Technik genannt werden und er diese dann mit seinem Uke mehrmals durchführt. Bei der Ausführung sollte der Prüfling dabei nicht nur auf einen korrekten technischen Ablauf, sondern auch auf eine gute Präsentation Wert legen – dies ist natürlich im besonderen Maße abhängig von der angestrebten Graduierung. Dazu gehört z. B.:

- am Ende jeder Wurfbewegung stabil zu stehen,

- jede Haltetechnik sicher als Haltetechnik (also mit einer kurzen Pause) abzuschließen,

- bei Techniken im Knien (*suwari* oder *hanmi handachi waza*) nicht mit den Händen die Matte zu berühren.

Prüfungsprogramm des *hombu dojo*

	ikkyo	nikkyo	sankyo	yonkyo	gokyo	shiho nage
5. Kyu	shomen uchi					gyaku-hanmi katate dori
4. Kyu	shomen uchi	gyaku-hanmi katate dori				yokomen uchi
3. Kyu	shomen uchi (suwari & tachi waza)					ryote dori yokomen uchi
2. Kyu	shomen uchi (suwari & tachi waza) kata dori (suwari & tachi waza)					gyaku-hanmi katate dori (hanmi handachi)
1. Kyu	shomen uchi (suwari & tachi waza) yokomen uchi (suwari & tachi waza) kata dori (suwari & tachi waza) ushiro ryote dori				yokomen uchi	gyaku-hanmi katate dori ryote dori (hanmi handachi & tachi waza)

irimi nage	kote gaeshi	kaiten nage	tenchi nage	jiyu waza	kokyu ho
shomen uchi					suwari waza
shomen uchi					suwari waza
shomen uchi chudan tsuki			ryote dori		suwari waza
shomen uchi chudan tsuki gyaku-hanmi katate dori	gyaku-hanmi katate dori		ryote dori	gyaku-hanmi katate dori	suwari waza
shomen uchi chudan tsuki gyaku-hanmi katate dori			ryote dori	gyaku-hanmi katate dori ryote dori katate ryote dori	suwari waza tachi waza

(Quelle: http://www.aikikai.or.jp/eng/gradingsystem.htm)

321

9.4   Geschichte des Aikido

Der Begründer des Aikido, *o-sensei* Morihei Ueshiba, wurde am 14.12.1883 in Japan geboren und starb am 26.4.1969. Er schuf Aikido als eine Synthese unterschiedlicher Kampfkünste, welche er zum Teil schon in seiner Jugend erlernte. Besonders wichtig für seine Entwicklung war die Begegnung mit einem Meister des *„daito-ryu aikijutsu"* – Sokaku Takeda –, den er ca. 1910 kennen lernte und bei dem Morihei Ueshiba 3-4 Jahre intensiv trainierte.

Zum physischen Training kam sein Interesse an Religion und Spiritualität, wobei in diesem Zusammenhang insbesondere eine Persönlichkeit zu nennen ist, die Ueshiba 1919 traf: Wanisaburo Deguchi. Durch die großen Veränderungen in der japanischen Gesellschaftsordnung zu Anfang des 20. Jahrhunderts entstanden zahlreiche Sekten und Religionsgemeinschaften, so auch die *„omoto-kyo"* von Deguchi, die zu diesem Zeitpunkt mehrere Millionen Mitglieder gezählt haben dürfte.

Die Spiritualität durch das *„omoto-kyo"* war vielleicht ein Grund für das Erleuchtungserlebnis von Ueshiba, welches er 1925 gehabt und ihm die „Zusammenhänge des Universums" eröffnet haben soll. Was hierbei Dichtung oder Wahrheit ist, kann nicht mit Sicherheit entschieden werden – manches, was heute über das Leben von Ueshiba in Büchern zu lesen ist, mag aber eher dem Bereich der Legendenbildung zuzuordnen sein.

Nichtsdestotrotz war für Ueshiba die Erkenntnis bedeutsam, dass der Kern von Kampfkunst *(Budo)* darin liegt, Gegensätze zu vereinen und Bestehendes zu achten und zu schützen. Hier ist der Grundgedanke des Aikido vorgegeben. Um 1925 verwendete Ueshiba zum ersten Mal den Begriff „Aikido". Mit „seiner" Kampfkunst wurde er nun immer bekannter und so ging er 1927 nach Tokyo, um dort zu unterrichten. Zum Trainingsprogramm gehörten immer auch Übungen mit dem Schwert und Stock.

Um 1942 zog sich Ueshiba mehr und mehr aus der Öffentlichkeit zurück und übertrug die Leitung seiner Schule, des *hombu dojo*, seinem Sohn Kisshomaru Ueshiba (* 1921-† 1999).

Nach dem Zweiten Weltkrieg wurden in Japan zunächst alle Kampfkünste durch die amerikanische Besatzungsmacht verboten. Aikido durfte erst ab 1949 wieder unterrichtet werden. In den folgenden Jahrzehnten wurde Aikido schließlich auch über Japan hinaus bekannt, da zahlreiche Schüler von Morihei und Kisshomaru Ueshiba Japan verließen, um Aikido in der Welt zu verbreiten. Morihei Ueshiba selbst unterrichtete nur noch wenige Schüler in Iwama, Tokyo und verschiedenen anderen Städten.

Morihei Ueshiba

Seit dem Tod von Kisshomaru Ueshiba ist der Enkel des Begründers, Moriteru Ueshiba (geb. 1951), der derzeitige *doshu*, was übersetzt etwa „Bewahrer des Weges" bedeutet. Er führt die Arbeit seines Vaters fort. Kisshomaru Ueshiba hat den *aiki-kai*, den weltweit anerkannten Dachverband des Aikido (gegründet 1948), strukturiert und dem Aikido eine systematische, moderne Form gegeben, wodurch es lehr- und lernbar wurde.

Aus heutiger Sicht ist Morihei Ueshiba damit weniger der Fixpunkt des Aikido, als vielmehr derjenige, der eine Evolution in Gang setzte. So wird Aikido heute weltweit unterrichtet und gewinnt zunehmend an Bekanntheit, obwohl es keine publikumswirksamen Wettkämpfe gibt. Gibt man beispielsweise das Stichwort „Aikido" bei der Internetsuchmaschine „Google" ein, erhält man nahezu 10 Millionen Treffer. Auf großen Lehrgängen bekannter Aikido-Meister kann man *Aikido-ka* aus vielen unterschiedlichen Nationen treffen und gemeinsam mit ihnen üben.

Einige interessante Daten:

- 14.12.1883: *O-sensei* Morihei Ueshiba wird in Tanabe, Japan, geboren

- 1903-1907: Eintritt in die japanische Armee und Einsatz im russisch-japanischen Krieg

- 1910 trifft er Sokaku Takeda und lernt *aiki-jutsu*; Umsiedlung nach Hokkaido

- 1919 macht Ueshiba Bekanntschaft mit Wanisaburo Deguchi; Umsiedlung nach Ayabe, dort „Landwirtschaft und *Budo*"

- Am 27.6.1921 wird sein Sohn Kisshomaru Ueshiba in Ayabe geboren

- 1922: Ueshiba nennt seine Kampfkunst *aiki-bujutsu*

- Um 1925: Ueshiba nennt seine Kampfkunst Aikido

- 1927 zieht er mit seiner Familie nach Tokyo und beginnt Aikido, zu unterrichten

- 1930: Gründung des *hombu dojo* in Tokyo

- 1948: Gründung des *aiki-kai*

- Am 2.4.1951 wird der Enkel des Aikido Begründers, Moriteru Ueshiba, geboren

- 1956: Kisshomaru Ueshiba beginnt, Aikido zu unterrichten

- 1957: Kisshomaru Ueshiba veröffentlicht sein erstes Aikido-Buch

- Am 26.4.1969 stirbt Morihei Ueshiba im Alter von 86 Jahren

- 1969: Kisshomaru Ueshiba wird *aikido-doshu*

- 1975: Gründung der „International Aikido Federation" (IAF)

- 1996: Moriteru Ueshiba wird Leiter des *hombu dojo*

- Am 4.1.1999 stirbt Kisshomaru Ueshiba im Alter von 77 Jahren

- 1999: Moriteru Uehsiba wird *aikido-doshu*

Aikido in Deutschland

Im Oktober 1965 wurde Katsuaki Asai, 8. *dan aikikai* (geb. 1942), als Beauftragter des *hombu dojo* nach Münster gesandt, um Aikido in Deutschland bekannt zu machen und zu verbreiten. Bis zu diesem Zeitpunkt war Aikido in Deutschland nahezu unbekannt. Bis heute hat Meister Asai als Bundestrainer für den „Aikikai Deutschland Fachverband für Aikido e.V." (vgl. Seite 335) die Interessenvertretung gegenüber Politik und Medien inne.

Katsuaki Asai shihan,
8. dan aikikai

Die Geschichte des Aikido in Deutschland ist seitdem allerdings durch eine zunehmende Ausdifferenzierung und Aufspaltung gekennzeichnet – so gibt es mittlerweile zahlreiche Verbände in Deutschland (vgl. Seite 334) von sehr unterschiedlicher Größe und Mitgliederzahl. Dies hat sicherlich den Nachteil, dass es keine wirklich effektive Verbandspolitik im Aikido gibt, wie dies vielleicht bei anderen deutschen Großverbänden der Fall ist. Zumindest gibt es zurzeit keinen Verband, welcher auf Grund seiner Größe tatsächlich einflussreich ist oder für sich in Anspruch nehmen kann, die Mehrheit der deutschen *Aikido-ka* zu repräsentieren.

Eine andere Persönlichkeit, die das Aikido in Deutschland seit Mitte der 1980er Jahre sehr erfolgreich beeinflusst, ist Christian Tissier, 7. *dan aikikai* (geb. 1951). Er fungiert als technischer Direktor der „Aikido Föderation Deutschland e.V.".

Mit der zunehmenden Öffnung Japans nach dem Zweiten Weltkrieg kamen auch immer mehr Ausländer nach Japan, um Aikido im *hombu dojo* bei Kisshomaru und Moriteru Ueshiba sowie zahlreichen anderen Lehrern zu erlernen. So auch Christian Tissier, der 1969 nach Japan ging und dort sieben Jahre intensiv Aikido übte.

Christian Tissier begann bereits 1962 Aikido in Paris zu trainieren und wurde 1968 zum zweiten *dan* graduiert. Im *hombu dojo* in Tokyo lernte er mehrere Stunden am Tag bei allen dort unterrichtenden Lehrern. Parallel übte er *ken-jutsu* und Kickboxen. Im Juli 1976 ging er als vierter *dan* zurück nach Paris und gründete den mittlerweile weltweit bekannten „Cercle Christian Tissier" in Paris-Vincennes. Auch nach seinem Japanaufenthalten kehrte er regelmäßig zurück nach Tokyo, um dort bei seinen Lehrern weiter Aikido zu lernen. 1998 erhielt er den siebten *dan aikikai* vom damaligen *doshu* Kisshomaru Ueshiba.

Neben Kisshomaru Ueshiba hatte ein weiterer Schüler des Aikido-Begründers einen großen Einfluss auf Christian Tissier: Seigo Yamaguchi (* 1924-† 1996). Insbesondere Seigo Yamaguchi ist es zu verdanken, dass Aikido heute in einer sehr durchdachten und dynamischen Form existiert, da er es wesentlich weiterentwickelte.

Durch die Geschichte des Aikido ist Japan sein Ursprungsland – logischerweise befindet sich dort mit dem *aikikai* und dem *hombu dojo*, in dem der *doshu* Moriteru Ueshiba unterrichtet, das traditionelle Zentrum. Durch seine weltweite Verbreitung unterliegt es jedoch auch anderen kulturellen Einflüssen und wurde bzw. wird je nach Interesse der Lehrer in unterschiedliche Richtungen weiterentwickelt. So gibt es mittlerweile etliche Stilrichtungen im Aikido, die verschiedene Schwerpunkte setzen.

Doch auch schon zu Lebzeiten des Aikido-Gründers Morihei Ueshiba gab es Aikido nicht als einheitliche Form – vielmehr entwickelte er sein Aikido immer weiter und experimentierte mit unterschiedlichen Bewegungen. So sind auf Fotos oder alten Filmen des Begründers sehr unterschiedliche Techniken zu sehen.

Im „Kleinen" durchläuft diese Entwicklung heute auch noch jeder *Aikido-ka* – so bewegt er sich als Anfänger ganz anders als mit 30-jähriger Aikido-Erfahrung.

Dementsprechend formuliert der *aikikai* seine Zukunftsperspektive wie folgt: „Da Reisen, Arbeit und Studieren im Ausland nunmehr alltäglich geworden sind, verbreitet sich Aikido international, denn es kann als ein ‚Produkt eines gemeinsamen kulturellen Erbes' angesehen werden, Kultur, die nicht an irgendeine Nation oder ein Volk gebunden ist – ein Erbe, das zu Frieden und Erfolg beitragen kann. Auf diese Weise verstanden, sind die Erwartungen an die Rolle des Aikido im kommenden Jahrhundert groß."

(Quelle: http://www.aikikai.or.jp/eng/aikikai.htm – aus dem Englischen von Nadja Gärtel)

Christian Tissier shihan, 7. dan aikikai 2007 während seines Sommerlehrgangs in Deutschland; Uke: Pascal Guillemin, 5. dan aikikai.

9.5 Tipps für den Anfang – FAQs

Wenn man mit Aikido beginnt, ist der Schlüssel zum Erfolg kontinuierliches Training. Gerade zu Beginn ist die Vielzahl an Techniken verwirrend und der *Aikido-ka* muss sich darüber hinaus von vornherein nicht nur auf sich selbst, sondern auch auf sein Gegenüber konzentrieren. Wichtig ist also, möglichst regelmäßig zu trainieren und keine längeren Pausen entstehen zu lassen. 2 x wöchentlich 1-2 Stunden zu üben, ist dabei sicherlich ausreichend für einen guten Start in das Aikido. Erfahrungsgemäß ist es zu Beginn sehr schwierig, sich länger als eine Stunde auf völlig neue Bewegungen zu konzentrieren.

Wie lange dauert es, Aikido zu lernen?

Jeder Aikido-Lehrer wurde vermutlich schon einmal gefragt, wie lange es denn dauert, Aikido zu erlernen. Die grundsätzliche Antwort ist natürlich: Ein Leben lang! Da Aikido eine Kampfkunst ist und die Suche nach der idealen Bewegung beinhaltet, wird es immer noch einen Aspekt geben, an dem der *Aikido-ka* arbeiten muss. Aikido ist diesbezüglich gut mit anderen Künsten vergleichbar, wie etwa Klavierspielen oder Malen – auch hier gibt es keinen Endpunkt, an dem man sagen könnte, die Kunst sei vollständig erlernt.

Für einen Anfänger ist solch eine Antwort natürlich unbefriedigend – die angemessene Antwort könnte daher lauten: Im Durchschnitt benötigt der *Aikido-ka* bis zum Erreichen des *shodan* (vgl. Kap. 9.3) 5-6 Jahre. Dies ist aber abhängig von der Trainingsfrequenz, der persönlichen Vorerfahrung, dem Talent und nicht zuletzt auch vom Lehrer. Grundsätzlich braucht der Übende, um Aikido zu lernen, sicher viel Geduld mit sich und seinen Übungspartnern, da die Aikido-Techniken größtenteils doch recht komplexe Bewegungsabläufe sind. Wie oben schon erwähnt, können Prüfungen helfen, den Lernerfolg zu erhöhen.

Funktioniert Aikido als Selbstverteidigung?

Eine andere Frage, die jedem Aikido-Lehrer wohl schon einmal gestellt wurde, ist: Funktioniert Aikido auch in der Realität? Die grundsätzliche Antwort darauf lautet: Aikido ist eine Kampfkunst – und eine Kampfkunst, die in der Realität nicht funktioniert, wäre sinnlos.

Die etwas ausführlichere Antwort ist der auf die Frage nach dem Lernerfolg sehr ähnlich: Ob Aikido funktioniert, hängt vom jeweiligen *Aikido-ka* ab – von seinem individuellen Niveau und seinem Können. Schafft er es nicht, sich in einer realen Situation zu verteidigen, bedeutet dies nicht, dass das Aikido als Kampfkunst nicht funktioniert, sondern nur, dass die jeweilige Person noch nicht das entsprechende Können hatte. Hier unterscheidet sich Aikido nicht von anderen Kampfkünsten oder -sportarten. Gelingt es einem *Karate-ka* bei einem Bruchtest nicht, ein Holzbrett durchzuschlagen, so würde man auch nicht davon sprechen, dass das *Karate* an sich nicht funktioniert; wird ein Boxer k. o. geschlagen, ist es der Fehler des Boxers und nicht des Kampfsports Boxen.

Sicher ist allerdings auch, dass der Fokus des Aikido-Trainings in der Regel nicht auf der realistischen Funktionalität liegt, sondern auf dem Erlernen einer idealen Technik (vgl. Kap. 7.3).

Ist Aikido Meditation?

Eine Antwort auf diese Frage setzt voraus, dass Fragender und Antwortender unter dem Begriff Meditation dasselbe verstehen, da dieses Wort doch recht inflationär in verschiedenen Zusammenhängen gebraucht wird.

Versteht man unter Meditation einfach eine konzentrierte Aufmerksamkeit, beinhaltet Aikido als Kampfkunst sicherlich meditative Elemente – denn wie ist eine Kampfkunst denkbar, bei der man sich nicht konzentriert oder aufmerksam ist? Von einigen wird Aikido daher auch als „Meditation in Bewegung" bezeichnet.

Konzentrierte Aufmerksamkeit: Christian Tissier und Bodo Rödel – irimi nage

Versteht man unter Meditation hauptsächlich eine Rückbesinnung auf sich selbst, geht Aikido über diesen Gedanken weit hinaus, da das Faszinierende am Aikido ja gerade der Austausch mit dem Gegenüber ist, die Kommunikation mit dem Übungspartner.

In einigen Büchern zum Thema Aikido und Kampfkunst findet sich auch ein Bezug zum *zen*. Betont wird im *zen* die Absichtslosigkeit, das Nicht-verhaftet-Sein an Situationen und Gedanken. Dies ist für eine Kampfkunst nur insoweit sinnvoll, als dass man sich in Bewegungen Handlungsfreiheit erhält und somit offen und flexibel bleibt. Ansonsten hat der Übende einer Kampfkunst zumindest die Absicht, sich zu verteidigen. Auch ist ein Aspekt des Aikido-Trainings gerade das Erlernen von Durchsetzungsfähigkeit und Entschiedenheit in den Bewegungen.

Zum Weiterlesen:

Deshimaru, T. (1994). *Zen in den Kampfkünsten Japans*. Heidelberg: Kristkeitz.

Herrigel, E. (2004). *Zen in der Kunst des Bogenschießens*. Frankfurt a. M.: Fischer.

Wie finde ich das richtige dojo?

Diejenigen, die sich für Aikido interessieren und ein *dojo* suchen, sollten Folgendes bedenken:

- Aikido kann man in Vereinen oder Profischulen lernen. Vereine sind meist kostengünstig, Profischulen bieten oft mehr und flexible Trainingszeiten an und sind auch von ihren Räumlichkeiten her oftmals besser ausgestattet. Der Monatsbeitrag in Profischulen liegt zwischen 35,– und 70,– €, wobei die Beitragshöhe nicht unbedingt mit der Qualität des Unterrichts korreliert.

- Das Niveau des Unterrichts variiert leider sehr stark, zumal der Begriff „Aikido-Lehrer" nicht geschützt ist. Ähnlich wie die Beitragshöhe ist auch die Höhe der *dan*-Graduierung (vgl. Kap. 9.3) dabei nicht unbedingt ein Indikator für Qualität, da ein *dan* durchaus auch für die Dauer der Aikido-Laufbahn oder für verbandspolitische Tätigkeiten verliehen wird. Auch sind die Maßstäbe der *dan*-Vergabe in den einzelnen Verbänden sehr unterschiedlich.

- Mittlerweile haben sich im Aikido sehr unterschiedliche Stilrichtungen entwickelt, die verschiedene Schwerpunkte setzen. So gibt es durchaus Aikido-Systeme, die sehr statisch sind oder einer Meditation (ohne Bewegung) und Gymnastik gleichen. Der *Aikikai*-Mainstream ist hier manchmal nur noch schwer wiederzuentdecken.

Aus diesen drei Gesichtspunkten folgt, dass es zum einen immer Sinn macht, verschiedene Schulen oder Vereine zu vergleichen – dafür werden in der Regel kostenlose Probestunden oder -wochen angeboten. Zum anderen sollte man bei einer ambitionierten Beschäftigung mit dem Aikido seinen Horizont erweitern und z. B. auf Wochenendlehrgängen andere Aikido-Lehrer und Stilrichtungen kennen lernen.

Für welches Alter ist Aikido geeignet?

Wie bei jeder Bewegungskunst oder Sportart gilt auch für Aikido: Je früher, desto besser! Viele *dojos* bieten Aikido-Kindergruppen an, um diese langsam an das Aikido heranzuführen. Sinnvollerweise geht es dabei mehr um das spielerische Erlernen motorischer Fähigkeiten, die die Kinder den Spaß an der Bewegung finden lassen, als um das ernsthafte Üben der schwierigen Aikido-Techniken.

Kinder lernen in einer Kampfkunst auch, sich an die Regeln in einem *dojo* zu halten sowie höflich und respektvoll miteinander umzugehen und Verantwortung für sich und den anderen zu übernehmen. Deshalb geht es im Aikido-Unterricht für Kinder nicht nur um Motorik, sondern immer auch um Sozialverhalten. Den Aufbau von Selbstvertrauen und Selbstbewusstsein fördern Kampfkünste in besonderem Maße, dies gilt natürlich auch für Aikido.

Da es keinen Wettkampf im Aikido gibt, können Männer und Frauen jeden Alters zusammen üben. Das heißt, mit Aikido kann man durchaus auch im bereits fortgeschrittenen Alter beginnen. Dies ist auch deshalb gut möglich, da man die Geschwindigkeit und Intensität der Aikido-Übungen sehr gut selbst regulieren kann. Sie fördern die Koordination von Arm- und Beinbewegungen und verbessern Leistungsfähigkeit und Kondition.

9.6 Informationsquellen

Nachfolgend finden sich Hinweise auf weiterführende Medien in Form von Büchern, Videos, DVDs und Internetadressen sowie Adressen von nationalen und internationalen Aikido-Verbänden.

Bücher

von Kisshomaru Ueshiba:

(1985). *aikido*. Tokyo: Hozansha.
Ein Grundlagenwerk zu Aikido vom Sohn des Aikido-Begründers.

(2002). *Der Geist des Aikido*. Heidelberg: Kristkeitz.
Der Sohn des Aikido-Begründers widmet sich in diesem Buch den spirituellen Aspekten des Aikido.

von Morihei Ueshiba

(1997). *Budo*. Heidelberg: Kristkeitz.
Postum herausgegebenes Buch des Aikido-Begründers.

von Christian Tissier:

(1981). *Aikido Initiation*. Boulogne-Billancourt: Sedirep.
Kurze Einführung zum Thema Aikido.

(1979). *Aikido Fondamental Tome 1*. Boulogne-Billancourt: Sedirep.

(1981). *Culture et Tradition – Aikido Fondamental Tome 2*. Boulogne-Billancourt: Sedirep.

(1983). *AIKI-JO – Aikido Fondamental Tome 3*. Boulogne-Billancourt: Sedirep.
Dieses Buch zeigt die Basisbewegungen mit dem *jo* und eine Auswahl an *katas*.

(1983). *Techniques Avancées – Aikido Fondamental Tome 4*. Boulogne-Billancourt: Sedirep.

(1990). *AIKIDO*. Boulogne-Billancourt: Sedirep.
Alle Aikido-Basistechniken (5. bis 1. Kyu) aus allen Angriffen werden in diesem Buch gezeigt.

von Bodo Rödel:

(2006). *Richtig Aikido*. München: BLV.
Kurze Einführung in das Aikido. Die Basistechniken werden in der einfachsten Form ihrer Ausführung erklärt.

(2005). *Aikido – Techniken, Angriffe und Bewegungseingänge*. München: BLV.
Besonders interessante Angriffe werden erklärt und alle Basistechniken werden gezeigt.

Videos und DVDs

von Christian Tissier:

(2001). *AIKIKEN/BOKKEN/KEN-JUTSU – Mes choix pour l´étude du ken*. VHS-Video.
Dieses Video zum Thema Schwert im Aikido zeigt alle wichtigen Basistechniken sowie eine Auswahl an *katas* aus dem *aiki-ken* und dem *kashima shin ryu ken-jutsu*.

(o. J.). *AIKIDO*. VHS-Video.
Alle Aikido-Basistechniken vom 5. bis 1. *Kyu* werden gezeigt (passend zum Buch – s. o.).

(2004). *AIKIDO Principes et Applications – Volume 1: Immobilisations*. DVD.
Diese DVD zum Thema Haltetechniken im Aikido zeigt alle Basisbewegungen.

(2004). *AIKIDO Principes et Applications – Volume 2: Projections*. DVD.
DVD zum Thema Basis-Wurftechniken im Aikido.

(2007). *Variations et applications*. DVD.
Diese DVD widmet sich den Variationen und Anwendungen im Aikido, insbesondere zu Schlägen und Tritten.

Bezug der Videos und DVDs von Christian Tissier ausschließlich über:
Cercle Christian Tissier
108, rue de Fontenay
94300 Vincennes, Frankreich
Oder über: www.christiantissier.com

Internetadressen

Verbände:

www.aikido-foederation.de

www.aikikai.de

www.bdas.de

www.aikido-bund.de

www.aikikai.or.jp

Sonstige:

www.aikido.de

www.aikido-schule.de

www.christiantissier.com

www.aiki.com

www.aikikai.org

www.aikido-world.com

www.aikidojournal.de

www.aikidofaq.com

www.aikido-europe.com

www.aikido-international.org

Verbände

In Deutschland:

Einige Bemerkungen zur Verbandssituation in Deutschland: Mittlerweile gibt es diverse kleine und Kleinstverbände, sodass die Verbandslandschaft in Deutschland sehr zersplittert ist. Selbst langjährigen *Aikido-ka* fällt es bisweilen schwer, hier noch den Überblick zu behalten.

Zwei Verbände arbeiten mit der weltweit anerkannten Dachorganisation des Aikido – *aikikai* – zusammen.

Zum einen ist dies die Aikido Föderation Deutschland e. V., die sich an den Lehreren Seishiro Endo, 8. *dan aikikai*, und Christian Tissier, 7. *dan aikikai*, orientiert.

Aikido Föderation Deutschland e. V. (AFD)
Fachverband für Aikido
Sekretariat der Geschäftsstelle
Weidkoppel 76
22179 Hamburg
Tel.:   0 40 / 69 21 38 15
Fax   0 40 / 69 64 38 98
E-Mail: sekretariat@aikido-foederation.de
Internet: www.aikido-foederation.de

Zum anderen ist dies der Aikikai Deutschland e.V.,
mit seinem Bundestrainer Katsuaki Asai, 8. *dan aikikai*.

Geschäftsstelle des Aikikai Deutschland e.V.
Friedhofstraße 1
94234 Viechtach
Tel.:   0 99 42 / 9 20 33
Fax: 0 99 42 / 9 20 35
E-Mail: geschaeftsstelle@aikikai.de
Internet: www.aikikai.de

Zwei weitere größere Verbände in Deutschland sind der

Bundesverband der Aikido-Lehrer e.V. (BDAL)
BDAL-Infostelle Jochen Maier
Am Roßacker 7
83022 Rosenheim
Tel.:   0 80 31 / 3 34 19
Fax: 0 80 31 / 35 92 48
E-Mail: shusoku.jm@t-online.de
Internet: www.bdas.de

und der

Deutscher Aikido-Bund e.V. (DAB)
Stuttgarter Straße 32
73547 Lorch
Tel.:   0 71 72 / 91 51 10
Fax: 0 71 72 / 91 51 11
E-Mail: geschaeftsstelle@aikido-bund.de
Internet: www.aikido-bund.de

International:

International Aikido Federation (IAF)
c/o Aikikai Foundation
17-18 Wakamatsu-cho
Shinjuku-ku
Tokyo 162-0056 / Japan
Tel.: 0 82 / 2 11 12 71
Fax: 0 82 / 2 11 19 55
E-Mail: goldsbury@aikido-international.org
Internet: www.aikido-international.org

Niederlande:

Dutch Aikikai Foundation
Wilko Vriesman
Geleenstraat 34
1078 LG Amsterdam/Niederlande
E-Mail: w.vriesman@dutchaikikaifoundation.nl
Internet: www.dutchaikikaifoundation.nl

Belgien:

Association Francophone d'Aikido AFA
Sekretariat
Tel.: 0 87 / 31 64 85
Fax: 0 87 / 31 64 85
E-Mail: afa@aikido.be
Internet: www.aikido.be

Vlaamse Aikido Vereniging vzw
Stationssteenweg 99
2560 Kessel/Belgien
Tel.: 032 94 70 58
E-Mail: secretaris@aikido-vav.be
Internet: www.aikido-vav.be

Schweiz:

Association Culturelle Suisse d'Aikido
Zentralsekretariat
Postfach 277
8307 Effretikon/Schweiz
Tel.:   0 79 / 4 14 83 47
E-Mail: secretary@aikikai.ch
Internet: www.aikikai.ch

Union d'Aikido Suisse UAS
Präsident Daniel Zahnd
Einschlagstrasse 7
3065 Bollingen BE/Schweitz
Tel.:   0 79 / 2 56 58 04
Internet: www.uas.ch

Österreich:

Österreichischer Aikidoverband
Generalsekretär David Walpitscheker
Stadlerstraße 6b
A-4020 Linz/Österreich
Tel.:   07 32 / 33 58 86
E-Mail: aikido@aikido.co.at
Internet: www.aikido.co.at

Verband österreichischer Aikidoschulen
Generalsekretär Werner Riener
Reischekstraße 2
A-4020 Linz/Österreich
Tel.:   06 99 / 10 13 29 40
E-Mail: riener_w@gmx.net
Internet: www.aikikai.at

chudan tsuki – sokumen irimi nage

9.7   Übersetzungen japanischer Begriffe

Hier findet sich eine Zusammenstellung der wichtigsten im Aikido verwendeten japanischen Begrifflichkeiten. Die Übersetzungen sind sinngemäß und aikidospezifisch:

AI:	Harmonie, vereinigen, zusammensein, gegenseitig, wechselseitig
AIKIDO-KA:	Der/die Aikido-Übende
AIKI-KAI:	Weltweite Dachorganisation des Aikido
ARIGATO:	Danke
ASHI:	Fuß, Bein
ASHI BARAI:	Mit dem Fuß fegen
ATEMI:	Schlagtechniken, Technik im Aikido, um den Angreifer für einen kurzen Moment zu fixieren
BATTO JUTSU:	Kunst des Schwertziehens (ältere Form des IAIDO)
BO:	(Langer) Stock
BOJUTSU:	Stocktechniken
BOKKEN/BOKUTO:	Holzschwert (Übungswaffe im Aikido)
BUDO:	Weg der Kampfkünste
BUSHI:	Krieger, Samurai
BUSHIDO:	Ehrenkodex der BUSHI
CHUDAN:	Mittlerer Bereich
CHUDAN TSUKI:	Faustschlag zum Bauch
DAN:	Grad, Stufe, vgl. KYU
DE-AI:	Erste Kontaktaufnahme bei einer Technik
DO:	Weg, Methode, Lehre
DOJO:	Traditioneller Übungsraum

DOSHU:	Höchster Vertreter der Kunst (z. Zt. Moriteru Ueshiba, der Enkel des Aikido-Begründers)
DOZO:	„Bitte sehr"
ERI:	Kragen
GEDAN:	Unterer Bereich
KERI/GERI:	Fußtritt
(KEIKO) GI:	Übungsanzug (Judoanzug)
GO NO GEIKO:	Hartes Training
GYAKU:	Verschieden
GYAKUTE:	Das Messer wird zum Stechen gefasst (z. B. bei SHOMEN oder YOKOMEN UCHI)
GYAKU HANMI:	Spiegelsymmetrische Fußposition von TORI und UKE
HAKAMA:	Traditioneller Hosenrock
HANMI:	Stellung, Position
HARA:	Bauch, Zentrum oder Mitte des Körpers
HENKA:	Positionswechsel, ohne die Fußstellung zu verändern
HENKA WAZA:	Varianten der Grundtechniken
HIDARI:	Links
HIJI:	Ellbogen
HO:	Übung eines Prinzips, z. B. KOKYU HO
HOMBU DOJO:	Haupt-DOJO des AIKIKAI, in dem (u. a.) der DOSHU unterrichtet
HONTE:	Das Messer wird gefasst, um zu schneiden
IAIDO:	Die Kunst, das Schwert zu ziehen
IAITO:	Trainingsschwert zum IAIDO

IKKYO:	Erste Lehre = erste Haltetechnik
IRIMI:	Direktes Hineingehen, eintreten
JIU WAZA:	Freies Training
JO:	Holzstock (Übungswaffe im Aikido)
JODAN:	Oberer Bereich
JU-JUTSU:	Moderne Kampfkunst, die auf der älteren Kampfmethode JIU-JITSU basiert
JU NO GEIKO:	Weiches Training
KAI:	Verband, Gruppierung, Schule – z. B. AIKI-KAI
KAITEN:	Drehbewegung
KAITEN NAGE:	Drehwurf
KAMAE:	Grundstellung
KAMIZA:	Ehrenplatz im DOJO
KATA:	festgelegte Formen, Schulter
KATAME WAZA:	Haltetechniken am Boden
KATANA:	Japanisches Schwert
KEIKO:	Übung, Wiederholung, Training
KEN:	Schwert
KENDO:	Japanische Fechtkunst
KENJUTSU:	Kampftechniken mit dem Schwert
KESA GIRI:	Schneiden in der Diagonalen
KI:	Gefühl, Absicht, Lebensenergie
KIAI:	Schrei, um das KI zu mobilisieren

KIHON:	Grundlagen
KI MUSUBI:	Das KI zweier Partner vereinigen
KOKORO:	Herz, Mentalität
KOKYU:	Atmung (Austausch)
KOKYU HO:	KOKYU-Übungen
KOSHI:	Hüfte
KOSHI NAGE:	Hüftwurf
KOTE:	Handgelenk
KOTE GAESHI:	Handgelenk-Beuge-Wurf
KUBI:	Hals
KUMI TACHI:	Schwertarbeit zu zweit
KUMI JO:	Stockarbeit zu zweit
KYU:	Grad (vor DAN)
KYUDO:	Weg des Bogenschießens
MA:	Abstand, Distanz
MA-AI:	Korrekter Abstand
MAE:	Vorne
MAE GERI:	Fußtritt nach vorne
MAWASHI GERI:	Kreisförmiger Fußtritt
MIGI:	Rechts
MUNE:	Brust
MUNE DORI:	Revers greifen

NAGE:	Derjenige, der die Technik ausführt (auch TORI oder SHITE)
NAGE WAZA:	Wurftechnik
OMOTE:	Vorderseite
ONEGAI SHIMASU:	Satz zur Begrüßung, wortwörtlich: „bitte"
OSAE WAZA:	Haltetechnik, z. B. IKKYO
O-SENSEI:	Wörtlich: „Großer Meister", respektvoller Titel von Morihei Ueshiba
RANDORI:	Freie, fortlaufende Arbeit, Abwehr eines Einzelnen gegen viele
REI:	Verbeugung
REIGI:	Etikette, Verhaltensregeln im DOJO
RYU:	Kampfkunstschule
SEIZA:	Auf den Fersen sitzen, formelle Sitzart
SENSEI:	Lehrer oder jede Person, die man sehr respektiert
SHIHAN:	Lehrer mit hoher Graduierung, wörtlich: „Modell"
SHIHO GIRI:	In vier Richtungen schneiden (SHI = vier)
SHIHO NAGE:	Vier-Richtungen-Wurf
SHIKKO:	Im Knien gehen
SHIN:	Geist, Herz
SHISEI:	Korrekte Körperhaltung
SHIZENTAI:	Natürliche Grundhaltung
SHODAN:	Erster DAN (SHO = Eins, am Anfang), mit dem SHODAN beginnt man demnach mit Aikido
SHOMEN:	Frontal

SODE:	Ärmel
SOKUMEN:	Schräg, seitlich (auch: NANAME)
SOTO:	Außen
SUMO:	Japanisches Ringen
TAI:	Der Körper
TAI NO HENKA:	Drehung der Hüfte, aber Beibehaltung der Beinstellung
TAI SABAKI:	Körperbewegungen (oft Kombinationen von IRIMI-TENKAN)
TAISO:	Gymnastik, Aufwärmtraining
TANTO DORI:	Techniken gegen Angriffe mit dem Messer
TATAMI:	Matten
TE:	Hand
TE-GATANA:	Schwerthand
TENCHI NAGE:	Himmel (TEN)-und-Erde (CHI)-Wurf
TENKAN:	Auf dem Vorderfuß drehen, um auszuweichen
TSUGI ASHI:	Bewegung, bei der die Füße i. d. R. ohne Beinwechsel gleiten, „Schiebeschritte"
TSUKI:	Schlag mit der Faust
UCHI:	Innen, schlagen
UDE:	Arm
UDE KIME NAGE:	Arm-Hebel-Wurf
UKE:	Die Person, die angreift und geworfen wird
UKEMI:	Fallen

URA:	Rückseite
USHIRO:	Hinten
WAZA:	Technik
YARI:	Lanze
YOKO:	Seitlich
YOKOMEN:	Kopfseite
YUDANSHA:	Praktizierende mit DAN-Grad
ZANSHIN:	Aufmerksamkeit am Ende der Technik beibehalten
ZAREI:	Verbeugung im Knien
ZORI:	Japanische Reisstrohsandalen

Japanische Zahlen

1	ICHI
2	NI
3	SAN
4	SHI oder YON
5	GO
6	ROKU
7	SHICHI oder NANA
8	HACHI
9	KYU oder KU
10	JU

9.8   Sachwortverzeichnis